台灣資本1949~台商學

跨時代的台商學

1949年以來台灣資本與家族企業傳承的那些故事……

口述撰著——許作名　**研究與文字整理**——劉明浩

目錄

部曲二 野蠻人覬覦下的家族資本

history's most interesting narratives. Hsu was born in a Taiwan struggling with the legacies of colonialism, World War II, and civil war in the Mainland. Taiwan's modern, cosmopolitan, and globally integrated economy emerged in stages and through a combination of policy choices and the energies of entrepreneurs like Hsu himself. While academics have long recognized the importance of land reform, technical education, and government planning in the success of export-oriented development and global integration in the information technology (IT) sector, Frank's book reveals a history that adds new detail to these narratives of the emergence of Taiwanese capitalism.

He begins with a textured telling of how entrepreneurs were born of land reform: the exchange of land for equity and kickstart capital pushed a generation into business. Taiwan benefitted from an advantageous international environment, especially security protections from the United States and accompanying market openness to Taiwanese goods, but good policymaking on the part of government in Taiwan channeled the energy of the island's business people and engineers into specific sectors and export processing zones— hubs, like Hsinchu Science Park, that are now home to the most advanced production processes human beings have ever established. But the world's focus on large tech firms from Taiwan, like TSMC, overlooks the role played by the island's small and medium enterprises (SMEs), most of which are family businesses. This is a world Hsu knows well.

Hsu built his own company, Yungtay Elevators, into a premier global brand, and one that rose in proportion to the massive growth of urbanization and construction in Mainland China. The role of the "Taishang" (台商) in making capitalism possible in China is one observers of China think we know intuitively and that scholars have documented, but Hsu tells the story from personal experience. He includes the good, the bad, and the "ugly" of local government officials, rent-seeking, and the puzzling role of financial

PREFACE

Understanding Taiwan's Future Through Its Past

Associate Professor in the Business, Government, and International Economy Unit, Harvard University
Fairbanks Center for Chinese Studies

Meg Rithmire

Though the world seems suddenly captivated by the uncertainty of Taiwan's political economic, and indeed geopolitical, future, Taiwanese businesses are not new to geopolitics. The trajectory of Taiwan's political economy, from divided and agrarian to industrial powerhouse to telecommunications hub of geopolitical import, seems a topic of conversation, indeed anxiety, in every meeting of global policymakers, academics, and business leaders. Companies the world over, even those with no direct business in Taiwan or Mainland China, are being forced to consider the island's future and its critical role in global supply chains. How did Taiwan come to be the epicenter of critical global sectors, like semiconductors? What did the Taiwanese government get right in its policies to make the island such a pivotal node in the global economy? If the future of Mainland China's political economy is uncertain, what is the future of Taiwanese firms, many of whom depend on production networks, indeed markets, in the Mainland that they helped to develop?

Frank Hsu has written the definitive story of the development of capitalism and global integration in Taiwan from the perspective of a protagonist. Scholars and pundits alike have produced volumes on Taiwan's past, present, and future, but very few such accounts are those of lived experience; Hsu's certainly is. The book tells a deep, readable, and intimate story, putting a personal spin on one of global economic reforms, indeed financial alchemy, in making the engine of Chinese growth work, with no shortage of problems, for the last few decades.

The saga of Hsu's own company is the heart of the book and a parable, a reflection of the many strengths and potential dangers of Taiwanese family firms as they swell in importance. What are the risks and benefits of riding the wave of China's growth? How do family firms explode in value and maintain their control? Hsu's own story is equal parts inspiration and cautionary tale, and rarely do we have first person narratives of business growth and transformation in such stark colors and detailed drama. To describe the story here would only rob readers of the chance to hear it in Hsu's careful but candid words.

Hsu's book, a rare combination of scholarly interrogation and personal revelation, comes at a critical time in Taiwan's trajectory. The benefits of open markets in the West and frontier mentalities in China are gone. Taiwanese firms, especially family firms, that have relied on China, a culturally and linguistically familiar terrain, for market growth and production efficiency must face a more uncertain world. They straddle the two most important global economies and must now weather challenges to seek new markets in far less familiar geographies. Geopolitics are not novel in Taiwan, but this moment is, and Hsu provides us with a historically informed, deeply ponderous, and highly informative book that earns its bold conclusion. Hsu challenges his peers to embrace risk, professionalize, and face a future in which globalization in Asia is deeply contested. Both primary source material and analytical rigor, this book is a wonderful addition to Taiwanese —and indeed global —conversations about business in Asia, the elements of the "Taiwan model" that work, and the sources of challenge.

推薦序

鑑往知來看台灣

知名中國政治經濟學者、哈佛大學商學院教授
費正清研究中心講座教授
任美格（Meg Rithmire）

雖然近期台灣在政治、經濟，乃至地緣政治上何去何從的不確定性，突然吸引全球目光，但台灣企業其實對地緣政治並不陌生。台灣政經局勢的發展軌跡，從與對岸分裂後的農業社會、到工業重鎮、再到足堪影響地緣政治的電子通信樞紐，已成為全球政、學、商界迫切討論的議題。全世界的企業，無論是否跟中國大陸或台灣有直接商業往來，均被迫思考台灣的未來，以及台灣在全球供應鏈的重要角色。台灣究竟是如何成為全球關鍵產業（如半導體）的核心？台灣政府在哪些政策上做出正確決定，使台灣能成為全球經濟的一個關鍵節點？由於許多台灣企業協助大陸發展其生產網絡、開發其市場，而現今亦賴以為生，如果說中國大陸未來的政經走向諱莫難測，那麼，台灣企業未來又該何去何從？

許作名透過主角的觀察，以精闢而完整的自身故事，記錄台灣發展資本主義與全球融合的歷程。著述台灣過去、現在、未來的學者專家不乏其人，但寫出親身經歷者卻如鳳毛麟角，而

許作名正是其一。該書深刻、易讀又平易近人，為這個堪稱全球經濟史上最有趣的故事之一憑添不少個人色彩。作者生於台灣從殖民、二戰、國共內戰後掙扎走出的年代。而台灣現代化、國際化、與全球經濟融合的成就並非一蹴可幾，乃是透過一系列的政策選擇，以及如許作名這般孜孜不倦的企業家群策群力，逐步完成。雖然學界早已公認土地改革、技職教育、政府規劃等因素對發展出口導向、以及完備全球整合的資訊產業的重要性，作者筆下所揭櫫的歷史，對台灣資本主義如何興起的敘事，補充了新細節。

他首先以清晰的紋理敘述，企業家之所以在土地改革期間應運而生，是因為以土地換取股權而產生的新創基金，促使一整個世代（過去的地主階級）從商所致。台灣當時受益於有利的國際環境，特別是美國提供的安全防禦與隨之而來對台灣產品開放市場之舉。台灣政府亦制定良善的政策，將企業界與工程人才導向特定產業與出口加工區，如現已成為人類史上最先進的尖端製程所在地：新竹科學園區。然而，全球雖然關注台灣，如台積電等大型科技公司，卻往往忽視多半由家族經營的中小企業所扮演的角色。而這恰巧是許作名瞭若指掌的領域。

作者將自己家族的公司，即永大機電，打造成隨著中國大陸城市化與城市建設蓬勃發展而同步成長的國際品牌。觀察中國事務的專家往往自認為對台商的角色如何幫助資本主義在中國立足一事知之甚詳，而學者亦不乏相關的研究紀錄。然而，本書講述的，卻是作者的親身經歷。內容包括好的、壞的、地方官員醜陋的一面、與尋租相關的經歷，以及金融改革（或許更應稱作「金融煉金術」）謎一般的角色。這些因素推動中國在過去數十年快速成長，但也引發諸多問題。

許作名公司的傳奇故事，是本書的核心，也是一篇寓言，反映出台灣家族企業在中國這個大市場成長到具備舉足輕重的份量時，所擁有的許多優勢與潛在危機，以及在中國崛起浪潮中，有哪些益處與風險？家族企業要如何在其企業價值暴漲的同時、仍能維護經營權？許作名的故事既是啟發、也是警示。我們鮮少有機會能透過色彩分明與充滿張力的敘事，以主人翁的視角觀察企業成長與轉型的歷程。在此不對書中內容多作敘述，以免剝奪讀者的機會品味作者文字裡處處可見的用心與坦誠。

許作名的著作罕見地結合學術探討與個人啟示，且恰巧在此時、台灣發展軌跡邁入的關鍵時刻問世。西方開放市場與對中國邊界思維的優勢已成過去。曾經倚賴文化、語言相近的中國市場而成長、並滿足生產效率的台灣企業，特別是家族企業，接下來將面對更多的不確定性。這類企業跨足兩個最重要的全球經濟體，但現在必須面對挑戰，在極不熟悉的地理環境中尋找新市場。台灣對地緣政治並不陌生，但此時台灣正面對全新的地緣政治。許作名的著作以史為鑑、發人省思且內容豐富，為其大膽結論作出完整的論述。他鼓勵同儕企業家擁抱風險、提升專業，以面對未來全球化在亞洲充滿競爭的局勢。本書囊括第一手資料與嚴謹的分析。包括「台灣模式」成功的因素與挑戰的來源，這是一本能為台灣、乃至全球對亞洲企業的討論提供新見解的精彩著作。

自序

謀求資本發展，引領台灣下一步

永佳捷科技股份有限公司董事長／許作名

從俄烏戰爭到以哈戰爭

構思這本書時，正逢俄烏開戰，俄羅斯在全球意想不到的情況下侵略烏克蘭，雖然同是大斯拉夫民族，引發戰爭的背景原因卻相對龐雜，其中包括：蘇聯解體後，烏克蘭實施的烏克蘭化與去俄羅斯化政策、烏境內俄裔俄羅斯民族主義激化導致國族認同分裂、「北約東擴」引發俄羅斯的不安全感、俄羅斯試圖重建影響力和其一貫的擴張主義等等。書寫到一半時，舉世震驚的以哈衝突爆發，並旋即導入戰爭。從歷史的演變來看，以色列現有的國土，在二戰前被認為屬於巴勒斯坦；換言之，兩國其實一直在爭搶同一塊土地的所有權。自公元二世紀起、到二戰結束後重新建國，期間，猶太人就一直被迫流散在外。但他們持續保有自己的傳統，也不曾放棄返回流奶與蜜之地的期望。但在遭遇羅馬帝國的驅逐流放後，一千八百多年來，這同一片土地，也早已被長期居住於此的阿拉伯人視為自己的家。宗教信仰的不同，更加深雙方衝突不斷。若從聖經對以、阿民族淵源的描述，可以追溯到亞伯拉罕時代。猶太人是亞伯拉罕的兒子「以撒」的後代，阿拉伯人則是亞伯拉罕的兒子「以實瑪利」的後代。「以實瑪利」與「以撒」是同父異母的兄弟，同屬閃族。可見得，這俄烏、以哈戰爭兩處所在地的人民，實際上有著大範圍民族血緣的關聯，但因為各種領土、主權（管理權）、國族（國家與民族認同）、宗教、影響力擴張等錯綜複雜與糾葛的棘手問題而大動干戈、至今未能休止！

那麼，台灣呢？

從同文同種的民族血緣、國土主權、文化認同、意識型態、經濟依存度等各方面來看，海峽兩岸今日所處的複雜形勢，與造成俄烏衝突、以哈衝突的原因，其實相差並不遠，更別提外國勢力的干涉與影響因素，甚至有過之而無不及。

從資本（capitalism）說起，才能較為理性地面對

這本書從一九四九年國民政府全面撤退到台灣（國共內戰後），台灣資本開始發展說起。二戰後，民生凋蔽、極度貧窮，一九五一年，台灣人均所得僅一百三十七美元（新台幣一千四百一十二元），是美國的十分之一不到（一千八百美元）。當初由國民政府主導經濟發展建設，利用彼時的冷戰格局（遏止共產國際勢力的擴張），美國對台灣開放其市場，全民與政府一同做對了許多事，使得一九八〇年代一舉躍升亞洲四小龍，脫離貧窮。有人說，這都是人民勤勞努力的結果，但其因素恐怕遠不只如此！海峽對岸人民一九五九年至一九七六年自然災害與文革期間，百姓也很勤勞，但還是極度貧窮。一九八〇年代，緊接著台灣政府領導進行政治改革，解除黨禁、報禁，允許組織政黨、開放媒體、言論自由、媒體與人民可以監督政府施政

等，以上舉措，對穩固可持續發展的經濟基石，發揮了極大的作用。

一九八九年的天安門事件，是重要轉折

事件發生後，國際震驚，外資急速逃離中國大陸，台灣資本卻在此時逆向投入中國大陸，尤其在鄧小平一九九二年一月南巡講話後，台灣資本更是開始大規模投注於中國大陸。

一般而言，資本的流向以理性成分居多，但台灣一九九〇年代的資本投入，除了理性的商業考量外，包含宗族（patriarchal clan）、與中國大陸人民語言、生活習慣相近等感性的成分，也是西進投資的考慮因素。這次的資本投入，剛好搭上世紀大浪潮。二〇〇一年中國大陸加入ＷＴＯ，開啟了人類有史以來，在供應鏈（supply chain）、物流機制（logistics）、成本（manufacturing cost）、工藝（skill）、生產技術（technology）、土地政策（land policy）、基礎建設（infrastructure）、研發（R&D）、規模量體（mega scale）等等方面，最為完整、規模最大的製造中心；此外，中國大陸也是全球第二大內需市場，其供需合一的結構，堪稱人類經濟發展史上的奇蹟。綜觀全球，找不到還有那個國家能具備如此完善的製造與產品測試基地，優秀的台灣企業因而能藉由這個得天獨厚的跳板，一一躍上國際舞台。

躍上國際舞台後，許多家族企業的台商，卻沒有準備好應對世界級的競爭與傳承

歷經多年的耕耘，不少在大陸發展卓著的台企，逐漸引起了野蠻人（國際資本）的覬覦。因

為台商有了大陸這個全球第二大市場的舞台，無意間，變成了潛藏在行業中的大咖，同行的國際集團公司或中大型私募基金隨即聞香而至。他們尤其對併購沒有作好防禦準備的家族企業、或缺乏營運大市場經驗的家族企業更感興趣，因為國際集團如能成功併購這些家族企業，行業內市占率立馬躍升為全球前列。然而，台灣的資本發展歷程（capitalism）不過七十來年，很多家族企業根本沒有防禦併購這方面的商業策略與經驗，甚至連傳承都成問題；中國大陸本身的企業也面臨著同樣的問題，他們的資本發展晚了台灣約二十五到三十年。家族企業該如何傳承？怎樣才能防禦惡意併購的威脅？本書將介紹相關的做法與觀念。

台灣資本的下一步

自二〇一二年以來的中美競爭與抗衡、地緣政治緊張，可用「修昔底德陷阱（Thucydides's Trap）」、「鄰居與槍（出自 Herz, J. “Idealist Internationalism and the Security Dilemma”）」來比喻美中之間的博弈與不確定的意圖，這使得過去的經濟全球化開始式微，隱約可看見兩個板塊的全球化正逐步成型：一個是以美國、加拿大、歐盟、澳洲、日本、韓國等西方、東亞發達國家為主的全球化；一個是以中國、俄羅斯、伊朗、中亞各國、朝鮮（北韓）、非洲等發展中國家為主，且人口數比前者更多的全球化。當然，還有重要的印度、東南亞諸國、中東包括沙烏地等阿拉伯各國，屬於在兩個板塊中交流發展的群體，台灣事實上也處在這兩個板塊當中，而台灣的下一步，就看政府與企業如何有智慧地應對，以持續穩健的經濟發展。書中也提出一些想法與見解，重點在於物換星移、行勢丕變，資本發展需要分散風險。

總體而言，謀求資本發展（capitalism）才是理性的思維與正途

而謀求經濟發展、協助人民創造富足安樂的生活，才是政府該做的頭等大事。目前，台灣面對中國大陸的處境，除了宗教以外，引發「俄烏戰爭」和「以哈戰爭」的包括：領土、主權（管理權）、宗教、國族（國家與民族認同）、地緣影響力、自主權等等重要因素，台灣幾乎都具備。如果將宗教換作政治體制的意識形態（ideology），那麼，兩岸目前的情勢，幾乎涵蓋了引發戰爭的所有因子。事實上，一九八二年的《八一七公報》早已確定了一個中國原則（One China Policy）。當然，美國國會與政府、中國大陸北京政府、台灣當權派都想在「究竟是什麼樣子的一個中國？」這個理念上，操作服務自身的利益，殊不知，台灣當權派如果推進「台獨」、或變相操弄「一個中國原則」，隨時可能惹禍上身。一個能戰、且能避戰，避戰、且能幫百姓賺錢、助人民富裕的政府，才是好政府。天天操弄敏感的政治議題，夜路走多了總會撞到鬼。一九四九年至今，台灣人民與歷屆政府共同努力，不畏艱辛與挑戰，一步一腳印地走來，實為不易！本書的目的，旨在點醒台灣政府當權派、各領域企業家、人民百姓，請務必萬眾一心、且走且珍惜這得來不易的成果。

謝辭

自一九九六年起，我因工作關係常到上海出差。由於政治因素，兩岸相隔不往來約四十年，所以初到上海時，對任何事物都非常好奇，總想到處走走，理解大陸同胞在社會主義制度下的種種生活、與做生意的方式。然而在一九九九年長駐上海後，就不只是到處看看了，必須融入社會主義的經商環境，且要學習地方語言（至少要聽懂上海話、湖南話、湖北話、廣東腔普通話等等），才能在幅員廣闊的大陸各地推動業務發展。二〇〇一年中國大陸加入WTO後，可說是個大轉折，經濟增長大幅躍進，整體社會蓬勃發展，貨幣流動性過剩；由此伴隨而生的，是各式各樣光怪陸離的商業行為與令人瞠目結舌的社會現象。這些年來，每當回台北述職時，常與同事、朋友聊到各種奇特的經商或生活故事，發現大家多半都非常專注傾聽、感覺嘖嘖稱奇，並鼓動我寫成書分享經歷，但因彼時工作繁忙、一直未能付諸行動。後來，我任職的公司在大陸發展得很成功，然而，其躍上國際舞台的最終命運，卻是遭外資併購收場。家族企業這段崛起又失落的經歷，曲折、隱晦、且難以理解。許多親戚朋友除了一聲嘆息之外，也希望我能找機會現身說法，讓這段曾叱吒風雲的家族企業遭遇國際大集團併購（野蠻人在門口的典型案例）的奇特故事浮出水面，提供企業人士參考、引以為鑑。為此，我從二〇一八年暫時退休期間就開始構思、逐步地聚焦內容，最後決定以下列三個主題：回顧台灣資本發展的要素與機緣；家族企業如何治理才能抵擋外力收購的風險和挑戰；以及二〇一七年後中美地緣政治日益緊張、台灣資本該何去何從，作為闡釋本書的視角，與讀者分享我個人近三十年經歷的「台商學」。

這本書的完成，如果沒有來自親人、朋友的幫忙與協助，絕對無法付諸實現，在此由衷地感謝他（她）們。首先感謝張宜蓁博士（DMA. New England Conservatory）一直以來對我寫作這本書的鼓勵與精神支持，並以她作曲家細膩的觀察力和耐心，在美國波士頓配合台灣時間進行繁複的校稿工作；感謝透過張博士認識的教授朋友Meg Rithmire任美格——知名的中國政治經濟學者、哈佛大學商學院教授（Associate Professor in the Business, Government, and International Economy Unit, Harvard University）、費正清研究中心講座教授（Fairbank Center for Chinese Studies）。任教授在中美地緣政治緊張所造成對全球經濟的影響、以及未來台灣政經局勢發展方面的專業研究、探討與指導，給予本書著作上極大的幫助；特別感謝勤美集團董事長林廷芳先生傳授許多一九四九至一九九九年台灣資本發展的素材，豐富此書的內容；感謝《天下雜誌》資深副總編輯、前《今周刊》總主筆許秀惠女士的熱心幫忙，促成本書能順利由最專業權威的出版社發行面世；非常感謝寶佳機構及台北政經學院副董事長林家宏先生、以及台北政經學院基金會董事長黃煌雄先生的鼎力協助與支持，順利邀請Meg Rithmire教授來台進行田野研究（field research），讓本書的撰寫更獲啟發；當然，還有目前於中央研究院從事博士後研究，幫我做文字整理與考據、搜尋文獻出處的劉明浩博士。劉博士學問功底極其深厚紮實，沒有他的幫忙，本書實無法順利完成，在此表達深切的敬佩與感謝；再來，感謝普來特富（上海）智能公司李向陽先生提供的照片、以及常因本書原稿的文字輸入與修整編排工作加班到深夜的孫燕小姐；感謝永佳捷科技公司的同事們一路地協助幫忙；感謝多年的老同事與好友，在一九九三年至二〇一五年間陸續派駐上海工作的謝文士先生、蔡志誠先生、黃智德先生提供許多珍貴照片，以及我的姪兒許瑞承先生提供日治時代的家族珍貴照片，在此表達誠摯的謝意！

台灣大事紀（一九五〇～一九九九年）

在構思這本書的過程中，我有機會瀏覽了一些歷史資料。這些資料的發現對我來說既是意外又是驚喜，我認為將這些珍貴的資訊整理出來與讀者們分享將會非常有價值。

■ 台灣資本發展重要事件
■ 台灣社會重要事件

一九五〇年代

一九五一年
■ 平均國民所得新台幣一四一二元。
■ 美國國會通過《共同安全法案》，美國開始對台援助。援助計畫提供麵粉、小麥、黃豆等物資，以及援助興建電廠設備、麥克阿瑟元帥（麥帥）公路、石門水庫等基礎建設。麵包、蛋糕開始流行。

一九五三年
■ 實行《三七五減租條例》。
■ 成立經濟安定委員會（經安會），裁撤台灣區生產管理事業委員會。
■ 嚴慶齡創立「裕隆機器製造股份有限公司」。
■ 實行《耕者有其田條例》。
■ 實行「第一期四年經建計畫工業部門計畫」。

一九五四年
■ 王永慶創立「福懋公司」（台塑公司前身）。
■ 「戰時出版品禁止或限制登載事項」，即為報禁。
■ 九三砲戰，共軍砲擊金門及附屬島嶼。

一九五六年 ■ 實行「第二期四年經建計畫工業部門計畫」。

一九五八年 ■ 八二三砲戰，金門受襲，國軍擊退共軍。

一九六〇年代

一九六〇年 ■ 自由中國事件爆發。

一九六一年 ■ 中央銀行復業。

一九六二年 ■ 成立台灣證券交易所。

■ 實行《獎勵投資條例》。

■ 電視時代，日本森永乳業送三十台東芝電視當抽獎禮品，慶祝台灣電視開播。

一九六四年 ■ 美援中止。

■「麥克阿瑟公路」開通，「石門水庫」竣工。

一九六五年 ■ 外雙溪故宮博物院開館。

一九六六年 ■ 成立第一個加工出口區：高雄加工出口區。

■ 中國大陸推動文化大革命運動，台灣推動「中華文化復興運動」，捍衛中華傳統文化與價值。

一九六八年 ■ 亞洲開發銀行向台灣提供貸款，興建化工產業、高速公路等基礎設施。

■ 紅葉國小少年棒球隊打敗日本少棒明星隊。

■ 九年義務教育實施。

■ 翠綠色密封垃圾車開始清運，車上曲子日本原廠配《給愛麗絲》、《少女的祈禱》。當年立法委員反對《少女的祈禱》，因為少女代表純潔的心靈，不可與垃圾連結，立法院開始有反對聲音。

一九七〇年代

一九七一年　中華民國外交史最黑暗時代，退出聯合國。

一九七二年　與日本斷交。

一九七三年　蔣經國宣布十大建設。

一九七四年　工研院開始「第一期RCA半導體技術轉移計畫」，奠定台灣半導體產業的基礎。

一九七六年　台中港建成。

李雙澤在淡江大學「西洋民謠演唱會」，不顧眾人眼光，開始唱台灣民謠《補破網》，成為台灣民歌的啟蒙，獨立自主、不再一路唱美國西洋歌。

一九七八年　第一條高速公路，中山高速公路建成。

與美國斷交，數萬人前往美國大使館抗議，雞蛋、油漆、保麗龍製品齊飛亂砸、賣愛國獎券小販挺身高喊「中華民國萬萬歲」。

一九七九年　桃園中正國際機場正式啟用。

美麗島事件爆發，訴求自由、民主、開放黨禁、報禁與解嚴（解除動員戡亂時期等條款）。

一九八〇年代

一九八〇年　統一超商引進便利商店（7-11），新竹科學園區揭幕。

工研院電子所成立衍生公司：聯華電子。

一九八一年　第一家台資企業在福州設立工廠。

一九八四年　第一家麥當勞開幕。

一九八六年　民進黨成立。

一九八七年　髮禁解除，學生不必強制留「西瓜皮」頭髮與「小和尚」髮型。

　　　　　　解嚴：貫徹憲法精神、黨禁解除、放鬆外匯管制。

　　　　　　台積電（TSMC）成立。

一九八八年　報禁解除。

一九八九年　台股加權指數衝破萬點，從一九八六年的一千點只用三年時間突破一萬點。

一九九〇年代

一九九一年　終止動員戡亂時期，台灣成立海基會，大陸成立海協會，作為兩岸協商交流機構。

一九九二年　制定公布《台灣地區與大陸地區人民關係條例》。

　　　　　　鴻海前往大陸投資。

一九九三年　制定《在大陸地區從事投資或技術合作許可辦法》，開啟台商投資大陸熱潮。

　　　　　　首次辜汪會談。

一九九五年　全民健保實施。

一九九六年　首屆總統直選。

一九九七年　香港回歸。

一九九八年　通過《教育改革行動方案》。

一九九九年　出版法廢止、言論自由受保障。九二一大地震。

資料來源：聯合報，二〇二一，〈聯合報七十週年：見證歷史回顧台灣重要時刻〉，《聯合新聞網》，https://udn70.udn.com/story/1950，查閱時間：二〇二四年二月一日。

部曲一

冷戰下的台灣資本形成

The Formation of Taiwanese Capitalism During the Cold War

第一章

冷戰架構下的東亞政治經濟結構與台商

（一九四九～一九八九）

Cold War Politics and Economics in East Asia and Impact on Taiwanese Business（1949~1989）

本章探討台灣資本主義發展。第一階段（一九四九至一九八九），台灣從日本統治中解放，資本主義處於初步發展階段，主要特徵是由日資壟斷轉變為國民政府主導的國家與民間資本合作。台灣成為美國反共策略在東亞的重要支點，發展出本地地主和隨政府遷台的資本家主導的出口導向產業。隨著一九九〇年代全球化浪潮，台灣資本主義進入成熟期，企業降低對政府依賴，部分企業重心轉向投資中國大陸沿海。這階段台灣資本主義展現成熟和多元的面貌，為日後台資世界級企業奠定基礎。

台商，這名稱對許多人來說並不陌生，我們的家人、親戚或鄰居可能就是其中一員。但對於台商的起源與他們的身分，並不是每個人都了解他們在不同時期所展現在經濟發展上的意義。事實上，要了解台商的起源，我們需要回到二十世紀一九五〇年代。當時的台灣才剛從日本的統治中解放，這個時期的台灣，一方面忙著建設國家，另一方面則見證本地工商業資本的快速發展。不過，這並非一夕之間的事，它是在當時獨特的歷史、文化和國際背景下孕育而生的。尤其是在冷戰時期的國際格局中，台灣的經濟發展獲得特殊的地位。

戰後，為了抵制共產國際陣營在亞洲的蔓延與平衡蘇聯的力量，美國在西太平洋地區積極組建一道政治和軍事的防線，台灣、日本、南韓和菲律賓成為這道防線上的重要樞紐。而為了鞏固這些國家和地區的經濟基礎，美國不僅提供資金援助和技術轉移，更重要的是，它打開自己龐大的市場，讓這些國家的產品得以出口到美國。這樣的國際背景，為台灣商人帶來無數的機會。他們不僅受益於美國的援助（以下簡稱美援）和市場開放，更重要的是，這段期間培養了他們的國際視野和經營能力。簡單來說，冷戰時期的國際結構為台灣商人提供一片廣闊的舞台，他們在舞台上綻放光芒，也為台灣經濟寫下一段輝煌的歷史。

一、冷戰與東亞發展型國家興起

（一）發展型國家概述

第二次世界大戰結束後，日本面對嚴峻的重建挑戰。然而，短短十幾年內，日本不僅成功地恢復經濟，而且透過大型跨國企業在國際市場的擴張，穩固其作為世界頂尖工業大國的地位。到了一九六〇年代中期，日本已經成為東亞地區經濟奇蹟的象徵與模範。許多鄰近國家，如台灣和南韓，細心研究並模仿日本的發展策略，期望重現相似的成功。這些國家迅速崛起並與日本的協同發展，形成一種被描述為「雁行模式」的經濟結構，意指一系列國家像雁群般，按照一定的順序逐步發展。日本的經濟奇蹟不僅在國際間引起廣泛關注，也成為學術研究的焦點。從其經驗中，學者們進一步探討「發展型國家」這一概念，希望找到更多的共同特點和成功的要訣，供其他後發國家參考。

發展型國家這一主題在學術界的討論中占有舉足輕重的地位，其中查默斯．詹森（Chalmers Johnson）（一九八二年）的研究更是公認的里程碑。他從歷史的深度背景出發，細緻探討日本在戰後為何能夠取得經濟奇蹟，並在此基礎上首度提出發展型國家的基本框架。

根據詹森的理論，一個發展型國家應具備以下四大特質：首先，它必須有一支高效、有能力的經濟精英官僚團隊，這些官僚不僅具備深厚的專業知識，還要能夠有效地執行政策；接著，這樣的官僚團隊需要在一個能夠提供相對獨立自主的政治環境中工作；第三，這個國家在經濟領域的干預策略，應該要能夠與市場機制互相協和、互補，確保經濟順暢運作；最後，這些策略需要有一個中央協調機構進行整合和領航，例如日本的通產省，它在經濟政策的制定和執行中發揮關鍵作用。[1]詹森的這套模型，不僅能夠有效解釋日本的成功，也為解析戰後台灣如何步上發展之路提供有力的理論支撐。

詹森提出發展型國家的模型後，學者間同意：政府，特別是執行經濟計畫的官僚機構對於經濟發展的主導作用，是東亞發展型國家的普遍性特徵。從東亞發展型國家的經驗中，我們可以明確觀察到，政府官僚的主動介入和策略性的產業轉型政策，是這些國家取得經濟飛躍的核心要素，而不僅僅是依賴自由市場的機制。在這些東亞國家中，政府不只是一個單純的監管者或仲裁者；相反地，它更像是一位策略家，透過巧妙的政策制定、資源配置及激勵機制，來引領和塑造市場的發展方向。這些政府不僅具有前瞻的眼光，預見未來的產業趨勢和機會，而且在實踐中，也展現出與民營企業合作的能力，共同推動國家的整體經濟發展。透過這種策略性的互動，東亞的發展型國家成功地整合官僚主導和市場機制，形成一個獨特而有效的經濟發展模式。

（二）鑲嵌在東亞政經結構下的台灣發展經驗

二戰結束後的台灣，經濟面臨的是一片破敗景象。從農業到工業，生產線都受到嚴重打擊。根據當時經濟部部長尹仲容的回憶，戰火使得原先進行中的農產改良和水利建設被迫中止，肥料短缺嚴重影響了農作物的產量。在工業方面，大部分現代化工業設備在戰爭中損毀，僅存的少數設備則因長時間頻繁使用而快速衰敗。[2]深入觀察當時的經濟數據，一九五一年的台灣人均所得僅約一百三十七美元。[3]與其他地區相對照，這一數值還不到當年世界人均所得的一半，而與經濟巨頭美國相比，更只有其十分之一。在整個東亞地區，台灣的經濟表現只稍微優於當時還在從戰火摧殘中復甦的中國大陸和南韓。[4]這樣的數據清楚地揭示台灣當時的經濟狀況：一個受戰爭影響、經濟基礎薄弱、且極度貧窮的地區。除此之外，台灣在政治上也是冷戰的第一線，面臨共產國際擴張的威脅。

一九五〇年，當韓戰在遠東地區點燃戰火，美國第七艦隊進入台灣海峽，成為新遷台的國民政府的保護傘。除了軍事保護，美國國會亦於隔年通過《共同安全法案》，恢復對國民政府的全面支援，不僅確保台灣政治穩定，同時也對台灣經濟復興產生援助的作用。從一九五一年至一九六五年，美國每年向台灣提供大約一億美元的經濟援助。[5]這筆援助使國民政府得以購買大量的棉花、黃豆和小麥等基本物資，確保物價穩定。在一九五〇年代，美援不僅提供台灣重要的經濟支援，也深刻地影響本地的文化和生活方式。多數台灣家庭都曾體驗過排隊領取印有兩隻手緊握象徵中美合作標誌的奶粉和麵粉，那時有些民眾甚至會使用這些純棉的美援字樣麵粉袋製作衣物。公立小學也將奶粉作為學童早餐飲品原料，改善台灣兒童的營養。由於美援與美國駐軍的影響，牛奶和麵包進入台灣民眾的日常飲食，這不僅豐富膳食，也逐漸改變以米食為主的傳統飲食習慣，例如台灣隨處可見且深受喜愛的「蘋果麵包」，就是在一九六〇年代由退伍軍人劉哲基首次推出。美國文化在台灣逐漸生根，當時許多台灣人視美國生活方式為理想，可口可樂、牛仔褲、搖滾樂等「舶來品」成為「好日子」的象徵。據筆者（許作名，現為永佳捷科技董事長，以下簡稱筆者）回憶，當時家中與駐台的美軍有業務往來，最讓筆者印象深刻的是，家中曾有一台附有雙層烤箱的美式四口瓦斯爐，而且父親也曾駕駛過由駐台美軍帶來的二手雙門跑車。當時台灣最優秀的人才以留美為優先選項，產生了「來來來，來台大（台灣大學），去去去，去美國」的現象。此外，美國也提供開發貸款基金，協助台灣發展基礎建設，包括水利、電力、交通；以及興建工業設備，如水泥、玻璃、煉鋁等（見表1.1）。這些都反映出當時美國援助對台灣的深遠影響。

與此同時，政府也利用美援購入大量的工業原料，並以統一分發的方式給予民間企業。[6]這種方式顯示了國民政府在這一時期是如何融合「發展型國家」模式和干預經濟手法，推動國內產業崛起。美援不只於此，它希望台灣能夠採取更加開放的市場經濟政策。為回應這一壓力，國

1

3

2

圖 1、2、3 攝於 1959 到 1963 年間。摩托車、手提錄影機，以及金龜汽車，都是筆者的父親向美軍顧問團購買的。足見美援時期，台灣民眾的生活開始接受西方文化與物資的影響。

民政府於一九五九年提出「加速經濟發展計畫大綱」，旨在四年內實現每年八%的經濟成長率，並逐步實現台灣的經濟自主。到一九六〇年，國民政府大幅縮減經濟管制，建立一個較為市場化的金融體系，從而使台灣逐步走向更為自由和開放的經濟體系。[7]

二戰後，東亞的政治版圖進行重大調整，這不僅對區域內的國家政策產生影響，也對台灣的國際貿易結構帶來改變。

表 1.1　美援開發貸款基金運用情況（單位：美元）

受援單位	借款合約金額	比例
亞洲水泥公司設廠貸款	2,992,000	4.5%
石門水庫興建計畫	21,485,000	32.6%
鐵路設備建設計畫	3,026,000	4.6%
土銀轉貸建造漁船冷凍及漁用引擎	683,000	1.0%
小型工業貸款計畫	2,483,000	3.8%
啟業化工公司計畫	1,000,000	1.5%
台鋁煉鋁更新計畫	1,343,000	2.0%
採購柴油電力機車計畫	5,896,000	9.0%
中華開發公司	8,780,000	13.3%
建設台灣南部微波幹線計畫	1,979,000	3.0%
台電南部火力發電廠	14,399,000	21.9%
新竹玻璃公司擴建新廠計畫	1,516,000	2.3%
台電深澳火力發電設備	234,000	0.4%
總計	65,816,000	

資料來源：財團法人國際合作發展基金會，2006，《國際發展合作的概念與實踐》，頁 232。

一九四九年中國國民黨政府撤退至台灣後，與中國大陸的貿易往來幾乎斷絕，此時的台灣將貿易重心逐漸轉向美國和日本。一九五〇年代，台灣所接受的外資主要來源是美援，而日本則是以較少的直接投資和更多的技術合作方式與台灣合作。[8]事實上，這一時期，台灣的外來投資中，多達六〇％是基於技術合作，並以日本和美國作為主要的合作夥伴。這種模式是基於外國企業提供技術支援，而與台灣的民營企業結盟，進行生產和營運。一九五〇年代台灣經濟的轉型和發展不僅受到二戰前的經貿背景影響，更受到了冷戰時代東亞地區的政治和經濟格局的推動。

（三）政府的主導角色

戰後台灣經濟的發展，政府的角色相當重要。在這危機四伏的時刻，一九四九年時任台灣省主席陳誠，決定進行經濟與社會結構的改革，以恢復民心並重建經濟。他推出「三七五減租」、「公地放領」、「耕者有其田」等一系列土地改革政策。在台灣實施土地改革，不只是為了緩解農民的經濟困境，更深層的意義是以國家的強制力量重塑台灣鄉村的社會格局。這一改革結束了傳統的地主制度和其經濟霸權，將農村的經濟基石從地主手中轉移到農民手中。雖然一些地主依然擁有部分土地，但他們在經濟和社會上的影響力大幅下降，逼迫他們尋找新的生計方式。國民政府在台灣實施土地改革的背後，有其政治和策略考量。在與共產黨的競爭中，國民政府希望透過土地改革，阻止中共在台灣農村煽動革命，同時也向大眾展現其政策優越性，以鞏固政治地位。[9]值得注意的是，這種土地改革的思維並不只在台灣出現。在第二次世界大戰後，占領日本的盟軍總部也實施相似的土地改革，意圖避免土地過度集中導致社會不滿，進而形成共產主義的滋生土壤，這一現象被學者稱為「冷戰土改論」。根據這一觀念，美國在冷戰期間支持多個開發中國家進行土地改革。在台灣，由美國協助成立的「中國農村復興聯合委員會」（農復會）成為推動土地改革的關鍵組織，成員不僅參與土地登記工作，還參與「耕者有其田」政策的制定和實施。[10]

一九四九年成立的「台灣區生產事業管理委員會」（生管會），是戰後第一個管制型機構。省主席陳誠成立生管會的目的，是將公營事業管理權轉移至省政府，確保物資生產與分配更為高效且符合需求。生管會的人事由省政府絕對控制，委員皆由省政府派任，主任委員則是省主席陳誠兼任。生管會的職權相當大，管控公營事業的預決算、人事、生產、營運、投資等計畫。生管會設立的專案小組具有管控資源、協調民間生產的重要功能，如紡織小組的成立，就是為了促進紡織業之間的聯繫與協調生產，因而納入民營廠商代表。[11]

「行政院經濟安定委員會」（經安會）在台灣經濟發展中擔當關鍵角色。這個直接隸屬於行政院的機構涵蓋外匯貿易、政府預算及美援基金的管理、農業和工業建設等多個方面的主管工作。

經安會更像是一個決策審議中心，其中的工業委員會尤為核心，它成為台灣首個專責於產業政策的單位。

工業委員會主委尹仲容對於經濟的看法相當前瞻。他認為資源的短期管理和管制雖然必要，但長期來看，台灣經濟的穩定必須仰賴工業化帶來的生產增長。為此，他組建一支專業團隊於工業委員會，致力推進工業化。這個委員會不只著重於推動工業發展，更進一步促成跨部會協調合作，以協助企業解決行政上的問題，這種做法後來成為台灣產業政策成功運作的藍本。

可以將尹仲容領導下的工業委員會，視為詹森所描述的發展型國家模型中的日本通產省，其主要策略是透過政府的強烈領導和介入，推動一個落後國家的工業現代化和經濟成長。[12]一九五三年，工業委員會提出「第一期四年經建計畫工業部門計畫」。該計畫的核心策略首先是利用美援資源，優先發展對國際收支有貢獻的產業，促進台灣的「進口替代」產業；其次是支持公營和民營企業的發展，並採取保護政策。[13]在工業委員會的扶植下，許多企業蓬勃發展，其中最為人所熟知的，無疑是後來成為台塑集團的福懋塑膠工業公司。[14]

更值得一提的是，利用從大陸撤退時帶來的黃金儲備，陳誠決策發行新台幣。這一策略不僅為當時的經濟帶來資金流動性，還成功打下物價穩定的基石，有效控制潛在的通貨膨脹風險。除此之外，台灣處在冷戰背景的國際局勢下，得到了美國的經濟協助。然而單純的援助並不足以確保長遠的繁榮，政府領導階層顯然明白這一點，因此他們配合美援，策劃出一套經濟和產業的發展藍圖，逐步引領台灣邁入工業化時代，為未來的經濟奇蹟打下堅實基礎。

藉由實際的數據，我們能深入解讀台灣在二戰後二十年的經濟成長。一九五〇年代，台灣展現出鮮明的復甦跡象，工業生產成長率達到了一一．九％，GDP成長率也高達八．一％。但這個時期，由於經濟的快速發展，伴隨著的是物價年增率高達九．八％的通膨壓力。然而，到了一九六〇年代，台灣經濟的發展更上一層樓，工業生產和GDP的成長率進一步攀升至一六．五％和九．一％。值得稱讚的是，當時的政府與相關機構有效地掌握經濟調控手段，使得物價的年增率大幅下降至三．四％。[15]

這不僅反映出當初的政府在促進經濟發展時，對於宏觀經濟的調控有著適切的策略和手段，也顯示台灣已經成功地從戰後的混亂中站穩腳跟，進入了持續的工業化發展階段。美國政府對於台灣這樣的經濟奇蹟給予高度的評價，認為台灣是一個能夠充分善用外部援助，並透過內部努力，持續促進經濟發展的模範。

（四）小結

台灣的經濟發展是一個激勵人心的歷程，這背後有著豐富且多元的因素，其中最重要的是國際援助和台灣政府的政策，使台灣從戰後初期的經濟萎靡，到後來被譽為「亞洲四小龍」之一的繁榮。首先，美國在台灣的發展中扮演不可或缺的角色。戰後的美國援助不僅幫助台灣重建戰亂中的基礎建設，也是台灣在國際貿易取得一席之地的重要助力。東亞地區冷戰政治經濟結構為台灣提供一個穩定的外部環境，使其得以專注於內部發展。至於內部因素，政府在台灣戰後經濟復甦中扮演了決定性角色。台灣政府實施土地改革政策，加強農民的經濟地位、推動工業發展，同時鞏固政府的政治地位。經濟轉型的過程中，生管會和經安會扮演著推動台灣工業化和產業政策的關鍵角色。新台幣的發行和美國的經濟援助為台灣的經濟奇蹟提供資金和資源支持，使得一九五〇年代至一九六〇年代間，台灣的經濟成長率和工業生產雙雙成長的同時，也成功控制物價。

二、出口替代戰略下的台灣

(一) 進口替代到出口替代

1. 進口替代時期

在一九五三年至一九五六年間實施的第一期四年經建計畫中，政策方向將焦點放在強化農業生產能力，進而利用這些農業資源為工業發展提供支持。這項計畫確實在提高農業和工業產出、穩定物價上取得顯著的成果。然而，儘管取得初步的成功，台灣的經濟結構仍然相對脆弱。大量的工業產品需求仍依賴進口，這使得國際收支表出現嚴重的不平衡。面對這些挑戰，政府於一九五七年至一九六〇年提出第二期四年經建計畫。在這一計畫中，政府進行外貿政策的調整。一系列的保護主義措施，如提高稅收、實施進口數量限制等被廣泛採用。這些政策旨在支持台灣特有的勞力密集型輕工業和針對內需市場的消費型工業，其策略是取代外國的同類產品，從而節省外匯，同時為國內創造更多的就業機會。[16]

在進口替代政策的框架和美援物資的引進中，台灣積極地推動民生工業發展。紡織、化工、水泥、塑膠、電機和食品加工等行業快速崛起，逐漸成為台灣經濟的支柱產業。這些產業不僅為台灣市場提供必需品，降低對外國產品的依賴，在技術和管理上也不斷地進步和創新。隨著這些產業的發展，台灣逐步建立一個較為完整的產業鏈。例如，在紡織業中，從原材料的生產、紡紗、織布到染整和製成品，形成了完整的供應鏈。這樣的垂直整合不僅提高效率，還使得台灣的產品在國際市場上具有競爭優勢。此外，這些傳統產業的發展也為台灣帶來大量的就業機會，促使國內勞動力市場穩定。[17]

在進口替代工業的策略下，台灣的產業體系逐漸建立並迅速成長。到一九五〇年代末，這些工業產出已經遠遠超出本地市場需求。但是，當時的高匯率政策，對於產品的出口形成一定的阻力，使得台灣的工業企業面臨新的挑戰。面對這樣的經濟現實，政府意識到僅靠進口替代政策已不足以繼續推動台灣的經濟成長，因此逐漸將重心轉向出口導向的經濟策略。一九五八年的《外匯貿易改革方案》便是此轉型的關鍵步驟。政府在此方案中採取多項措施：首先，緩解之前的進口限制，鼓勵企業利用外部資源和技術進行生產；其次，為了增加出口競爭力，政府進行新台幣貶值，使得台灣產品的價格在國際市場上更具吸引力；最後，簡化出口流程，降低企業營運成本，這對於想要開拓外部市場的台灣企業來說是一大利多。產業也開始轉向較高價值的產品和外銷市場，促成工業發展多元化，輕工業產品成為台灣主要的出口項目。[18]

2. 出口替代政策

在一九五八年爆發的八二三砲戰是國民政府對台灣治理政策的轉捩點。這次軍事危機使中共意識到無法以武力攻占沿海島嶼，而在台灣的國民政府也在美國的反對下暫緩反攻大陸的軍事行動準備，海峽兩岸實際上已經形成冷戰的長期軍事對峙局面。[19]這也影響台灣內部局勢的發展，國民政府開始將戰時管制經濟轉變為長期發展的經濟政策。為了促進經濟發展，國民政府推行一系列經濟現代化政策。這些政策包括改善基礎設施、發展工業、引進外資和技術，尤其是紡織、塑膠和電子產業。這些產業的發展不僅創造大量就業機會，也幫助台灣經濟實現從農業社會向工業社會的轉型。

台灣在經濟政策上的轉型，除了本地的考量，還深受外部環境的影響。特別是當一九五九年，美國表示對台灣的援助策略可能會出現變化或者可能完全停止，這無疑對台灣帶來沉重的壓力。面對這樣的情境，台灣決定靠自己，尋求新的經濟策略，以確保持續的經濟成長。一九六〇年，政府釋出了名為《十九點財經改革措施》的綜合計畫，涵蓋從經濟發展、建立資本市場、預算規劃、改革金融體系、凍結軍費、租稅改革、建立中央銀行體系到外匯政策等多個重要領域。[20]財經改革方案中，對於企業最重要的就是設立資本市場，讓國民儲蓄與生產資金相結合，有助企業獲得資金。台灣證券交易所就在一九六二年成立，建立證券集中交易市場的制度。[21]

同年，政府也制定另一項劃時代的政策《獎勵投資條例》。這項條例為投資者提供眾多稅務優惠，解決一九五〇年代由於高關稅和複雜行政流程所導致的外資匱乏問題。到一九六五年，台灣為了進一步吸引外資，決策設立專門的加工出口區，並實施一系列其他的財政和金融改革。這些政策和措施刺激民營企業發展，尤其是依賴密集勞動力且有國際競爭優勢的產業，如紡織、合板、水泥、塑膠、電機和食品加工等。憑藉著這些產業的低成本優勢，台灣成功打入國際市場。[22]台灣最初的三個出口加工區——高雄、楠梓和台中——應運而生。加工出口區的設立吸引了大量走出農村的女性勞動力，促進產業轉型，並帶動出口成長賺取外匯，標誌著台灣工商業發展的一個重要階段。[23]當時台中潭子與高雄楠梓出口加工區工廠，在上下班時女性員工人潮有如千軍萬馬奔騰，在當時被視為一大奇觀。除了加工區之外，家庭小工廠也處處可見，筆者家中當時也有毛衣縫製小工坊。美國客戶也常委派品質檢查員來突襲檢查，搞得各家如臨大敵、嚴陣以待。由於這一系列的策略調整，台灣的出口從一九六一年開始展現出強勁的成長勢頭。只花了不到十年，到一九六八年的年出口總值已達近八億美元，是一九六一年的四倍之多，顯示經濟轉型的成功。[24]

從一九六一年至一九七二年，台灣經歷了「出口擴張時期」的經濟轉型，這一階段被視為台灣經濟崛起的起始點。雖然政府在一九六〇年代持續進行經濟規劃，其核心策略從一九五〇年代的貿易保護主義轉變為積極推動國際貿易。這一轉型凸顯民營企業在經濟發展中日益重要的地位。政府不再僅僅是經濟的干預與管制者，更是推動者，它透過一系列的稅收減免、貸款優惠和其他金融刺激措施，鼓勵民營企業投資於那些具有高附加價值且在國際市場中具有競爭優勢的工業領域。[25]在出口擴張的經濟轉型期間，儘管美國的援助在一九六四年終止，亞洲開發銀行（Asia Development Bank, ADB）提供的貸款卻扮演了至關重要的角色。國民政府從亞洲開發銀行獲得一億三十九萬美元的借款，這筆資金被用於多個關鍵的發展項目。這些資金主要投向南北高速公路的建設、石油化學工業的建立，以及電力資源的開發等項目（見表1.2）。亞洲開發銀行的貸款不僅為台灣提供經濟轉型所

表 1.2　台灣向亞銀借款統計（單位：美元）

年度	貸款計畫	金額
1968	中油 DMT 廠	10,200,000
1968	中山高速公路計畫可行性研究	400,000
1969	花蓮港發展計畫	990,000
1969	煉銅廠計畫	1,150,000
1969	鋁廠擴充計畫	2,670,000
1969	遠洋漁業發展計畫	10,000,000
1970	第一期電力輸送與配電計畫	12,880,000
1970	台北——楊梅中山高速公路	18,000,000
1971	第二期電力輸送與配電計畫	22,500,000
1971	台北——楊梅中山高速公路	13,600,000
1971	中華開發公司	7,500,000
1971	立霧溪水力發電計畫	500,000
總計		100,390,000

資料來源：王鶴松，2012，亞銀商機分析報告：http://gpa.taiwantrade.com.tw/oppfile/2012101117418_亞銀商機分析報告 .pdf。

需的資金支持，也為長期的經濟發展奠定基礎。

在冷戰的大背景下，台灣的出口導向經濟成長並非孤立現象。當時，美國在全球策略布局中，對於其在東亞的盟友，如日本、南韓，同樣採取一系列的支持舉措，這在很大程度上是基於對共產國際的圍堵策略。為了鞏固這些東亞國家作為反共前線的角色，並確保它們在政治和經濟上的穩定，美國不僅提供大量的援助和投資，還針對它們的產品開放美國內部市場。[26]這項策略實際上為這些國家提供巨大的出口機會，使它們能夠迅速實現工業化和現代化。此外，美國的這種開放策略也間接地幫助了這些國家在國際貿易中建立起自己的競爭優勢，進而促進其經濟的快速成長。

（二）私人資本的興起

二戰之後，中國政治結構的轉變直接推動台灣經濟的發展軌跡。起自一九四九年，許多與國民政府關係緊密的江浙滬資本家將工廠遷移到台灣，他們主要在紡織業活躍，並在一九五〇年代的紡織業保護政策下，發展成為大型企業集團。同時，本土台籍的資本家大多來自地主階層，他們在戰後農地改革政策的影響下，被迫用土地換取公營事業股票和政府債券，並在股票和債券賣出後將現金投入商業經營，逐漸成為新興的資本家。另一批本土台籍資本家則是在日本治理時期就投入商業經營，戰後依然與日本企業保持密切的合作關係。

日本在治理台灣五十年期間，對戰後崛起的第一代和第二代本土資本家影響深遠。台灣本土資本家與一九四九年後隨國民黨遷往台灣的資本家在各方面都有顯著的差異，這些差異不僅反映在人際關係網絡和經營模式上，個人的語言和思維方式也有所不同。此外，省籍是台灣重要的社會分歧，在政治學、社會學領域也受到關注。[27]然而，省籍身分認同對於台灣早期資本主義發展、台商投資策略的影響，卻長期受到忽視。

在冷戰的政經架構下，台灣的中小企業透過與國際資本的連接，並借助低人力成本、低土地價格，成功地在眾多競爭的國家中脫穎而出。早期台灣企業與國際資本的連接跟企業主的省籍身分有關，「外省籍」企業家延續大陸經商時建立的網絡，多從美國、德國與日本引進技術和管理知識，而「台灣本省籍」企業家則多數從日本引入技術和管理知識。省籍身分對於台灣早期資本主義發展有顯著的影響。

1. 中國大陸工商人士遷台

一九四九年六月，國共內戰接近尾聲，共產黨正快速控制中國大陸，出現了前往台灣的逃難潮。依據學者估計，在一九四九年一年之內，就有三十七萬餘人前往台灣，到一九五一年已經有六十餘萬的外省籍民眾抵達台灣，加上五十餘萬的軍人，已經達到約一百二十萬人以上。來台的外省籍人士以軍人及公務員為主，他們普遍年輕，外省籍軍民的遷徙對台灣的人口結構產生正面的影響。當時台灣總人口數約六百萬人，來台的外省籍軍民增加台灣二〇%以上的青壯年人口比例，對比同時期的東亞各國如日、韓與中國大陸的青壯人口因戰爭而大幅減少，這二〇%的人口紅利對日後台灣的工商業發展產生積極的推動作用。[28]這種人口的特殊性對台灣的人口結構產生影響，增加台灣的男性及青壯年人口比例，成為日後台灣工商業得以蓬勃發展的關鍵因素。

同時，以上海為中心的工商業界深感不安。上海，作為當時的國際商業和金融中心，聚集大量的工商業巨頭。面對中共即將到來，不少上海工商業者選擇撤退。他們有不同的目的地，有的選擇跟隨國民政府撤到台灣，有的轉戰香港，還有一部分人選擇前往東南亞各國。

在遷移到台灣的大陸工商業者中，有一些在當時已經是大型企業的代表。例如，大隆機器廠的嚴慶齡、榮家企業系統的女婿王雲程、遠東織造廠的創辦人徐有庠、火柴大王劉鴻生家族的劉念孝和劉念忠，以及馥記營造的陶桂林，他們都是當時的工商界名人。除此之外，也有一些中小企業家，如潤泰紡織的尹書田、太平洋電線製造廠的焦廷標、中興紡織的鲍朝橒、嘉新水泥的張敏鈺和翁明昌等，他們選擇南渡台灣。特別的是，除了這些民間的工商業者，還有一些原本在國民政府中服務的官員，他們在來到台灣後也選擇投身於工商界創業，開創新的經濟版圖，如立法委員王新衡卸任後擔任亞洲水泥董事長，以及經濟部紡織事業管理委員會主委束雲章結束公職生涯後出任中紡公司董事長。一九五一年，國民政府意識到香港還有許多避難的大陸工商界人士，於是派遣代表前往，希望能夠吸引他們來台設廠和投資。此舉成功引起另一波大陸工商界的投資熱潮，五年內總計有九十一家來台設廠。其中，上海商人陳能才帶著他的中華毛紡織廠來到台灣，同時，周兆棠、童省予也將大華綢廠搬遷來台。[29]

一九五五年，根據中華民國工商協進會的調查數據，台灣的產業格局呈現出特定的族群分布特點。這背後涉及的不僅是產業的發展方向，更有著深厚的歷史和文化背景。本土台籍工商業者，由於他們在台灣的深厚歷史背景和地理位置的優勢，主導了許多中小型的工廠和商店。他們在運輸和礦業領域也有著明顯的優勢，因為這些產業與當地的自然資源和地理環境密切相關。此外，由於長期在地經營，他們在這些領域中建立起人際網絡關係的競爭優勢。而外省籍，尤其是來自江浙滬地區的工商業者，則是台灣經濟中的另一支重要力量。他們占了外省工商業者的大約五四%。這些人士由於在大陸的工商背景，對紡織、化工、海運和營建等產業有著成熟的技術和管理經驗。因此，當他們來到台灣後，很自然地在這些領域中取得主導地位。而且，這些來自江浙滬籍商人往往有較強的資金和技術背景，所以他們大多經營規模較大的工廠和公司。這批江浙滬籍工商業者大多為三十至五十歲的中壯年，有近半數曾接受大學以上教育，甚至曾經留學歐美國家，是一批相當優秀的人力資源。[30]這一時期的移動和再定位，對台灣後續的經濟發展產生關鍵性的推動作用，這些大陸工商界的移民為台灣帶來新的技術、管理經驗和經營理念。

2. 台灣籍工商業人士的崛起

在二戰結束前，台灣的主要工業資本幾乎完全由日本人所主宰。當第二次世界大戰結束後，國民政府決定收回日本人的企業資產，並將其改組為公營機構。這一舉措使得台灣的核心產業都在政府的控制之下，相對地也限縮台灣本地人在工業部門的發展空間。這種由上而下的控制模式在某種程度上抑制民營企業的發展，也影響台灣在戰後初期的產業結構。在商業資本的範疇內，可以大致劃分為主攻台灣內部市場和專注於國際貿易的商家。那些專注於國際貿易的台灣商人，他們在戰前就與日本商社建立合作關係。[31]專注台灣本地市場的商人在早期往往是日本大型商社的下游合作夥伴或在這些商社中擔任職務。這些與日本商社建立起來的深厚關係，在戰後一九五〇年代成為他們成功由商業資本跨入工業資本營運的重要人脈資本。[32]

如前所述，工業委員會在一九五三年主導一場由商業轉向工業的經濟轉型。在這一年，為了實施「耕者有其田」的土地改革，政府以水泥、工礦、農林、紙業這四大國有企業的股票來補償那些因土地徵收而失去土地的地主。同時，政府也通過「實施耕者有其田案公營事業移轉民營輔導辦法」，旨在鼓勵民間資本接手原本為公營的民生工業。這場土地改革不僅促使當時的社會精英，將其資源和注意力轉向現代的工商業，也為台灣帶來一批新的工商企業家。有些地主選擇將土地徵收後換來的股票與債券變現，然後用這些資金進入工商界。這不僅催生許多小企業主，也成為台灣許多鄉村地區小型工廠密集出現的重要原因。[33]台灣政府主導的土地改革雖然成功推動經濟轉型，然而具有強迫性質的土地轉移也讓台灣社會產生不滿的聲音。有些地主認為土改剝奪祖先留傳的田產，在他們眼中，土改毫無疑問是壓迫台灣人的暴行，因而他們痛恨國民黨這個「土匪政府」。這些心懷不滿的地主成為台灣早期反對運動的重要參與者，如民進黨創立初期的重要支持者，多為出身於土改中被強制徵收的地主階層，當然也包括二二八事件的受難者及其後代。[34]

國產汽車創辦人張建安的家族，即是典型由地主轉變為商業集團的案例。張家原先是傳統地主家族，由於社會政治變遷，特別是土地改革政策的實施，他們被迫轉向工商業經營。一九五三年，張建安及其兄弟聯同其姊夫許雲霞共同創立「永太貿易」公司。該公司成功獲得代理日立電梯的權利，這也為後來集團產業的成功和發展奠定基礎。透過與日本日立的緊密合作，不僅使永太貿易快速在市場上建立起名聲，更從日方學習寶貴的管理經驗。[35]

一九五〇年代，台灣的工業化進程中，兩大關鍵因素為資金和技術。這段時期，民間企業大量地從日本和美國引進所需的技術。這些國際企業不僅提供機器、原料和資金，也以提供技術的形式換取權利金或市場進入權。為了促進台灣的產業發展，當時的工業委員會鼓勵企業合作引進國外的先進技術，並且在台生產。例如，當日本東京芝浦電氣株式會社與台灣日光燈公司等企業合作時，工業委員會就要求他們引進新型製程，並制定相對應的政策，例如禁止日光燈進口，以確保本土產業的發展和競爭優勢。[36]

技術引進的統計數據顯示，儘管台灣的技術主要來自於日本和美國，但日本對台灣的技術供應案例遠多於美國。這部分可以歸因於台灣和日本之間深厚的商業交往和歷史背景，特別是日本治理的五十年間，很多台灣商人和日本企業建立緊密的合作關係。此時期獲得日本技術合作的知名企業包括黃烈火的味全食品公司、王民寧的中國化學製藥公司、洪建全的建隆電器廠、唐傳宗的唐榮油漆和何榮庭的永豐化學。值得一提的是，某些企業如裕隆機械製造公司和中國化學製藥公司，同時從日本和美國引進技術，顯示台灣企業在經營策略上的靈活性和創新能力。[37]三聯科技就是自日本引進技術的典型案例。三聯科技創辦人林榮渠出身自台電公司工程師，離開台電後決定創業，以自身習得的技術投入電器承裝業，從事工廠電氣設備與自動控制盤的製造安裝，在二次能源危機轉型代理自動化儀器。由於創辦人林榮渠的日本淵源，三聯科技開始從日本引進台灣無法生產的自動化設備與精密儀器，以及引進相關的製造技術，逐步建立自有儀器設備的品牌。

（三）小結

台灣政府在一九六〇年至一九八〇年間做了很多正確的決策。在一九六〇年代初期，面對外部援助可能的減少或終止，政府決定轉向出口替代政策以確保經濟持續成長。多個產業如紡織和塑膠等，因其低成本優勢成功進入國際市場。進入一九七〇年代，台灣經濟策略從貿易保護主義轉為積極參與國際貿易，強調民營企業的角色。在這時期，美國為鞏固其在東亞的反共陣營，對盟友如台灣、日本和南韓提供援助和投資，並開放市場，促進這些國家的經濟快速成長。台灣人民的勤奮與堅韌也是不可忽視的原因，使台灣社會不論在經濟還是政治上，都展現出超乎想像的努力與適應力，得以迅速地從農業經濟轉型為工業經濟。台灣的自由化改革不僅體現在經濟的進步上，更深層地滲透到政治的各個角落。蔣經國時代的政府不但逐步解除長久的戒嚴，台灣民間可以開辦報紙，甚至能組織政黨，也開放台灣民眾赴大陸探親。這些開放的政策釋放台灣社會固有的活力和創新能力，使其躍升為第三波民主轉型的亮眼典範。

三、改革開放，中國大陸回到世界經濟舞台

（一）美國聯中抗蘇：東亞地區冷戰政經結構劇變

在一九七〇年代的冷戰後期，東亞地區的政經結構經歷重大變化。這種變化主要源於中美關係的改善，這使中國大陸有機會重新回到國際經濟和貿易體系。美國選擇與中國大陸建立聯繫，以共同對抗蘇聯，從而打破自一九五〇年代以來防止共產國際陣營擴張的東亞冷戰結構。這個戰略的變化為中國大陸提供一個機會，重新加入西方主導的國際社會並在世界舞台上發揮作用。

一九六〇年代末期，世界的地緣政治劇烈變動。面對蘇聯持續壓迫，美國和中國都意識到修復雙邊關係將為雙方帶來策略性利益。一九六九年春天，在三月烏蘇里江的寒風中，中國大陸和蘇聯的士兵在珍寶島上爆發一場激烈的衝突。這場軍事摩擦不僅造成雙方傷亡，更是冷戰期間中蘇兩巨頭之間緊張關係的體現。

在這個時期，原本同為社會主義大國的中國大陸和蘇聯，卻因為政治信仰的微妙差異、地緣政治的競爭以及對全球霸權的追求，使得兩國關係迅速惡化，陷入前所未有的低谷。珍寶島事件如同一道閃電，照亮中蘇兩大社會主義國家間緊張的局勢，也使得全球對這兩個核大國之

(二) 摸著石頭過河：中共實行改革開放，外商開始嘗試進入中國大陸投資

在中美和解的背景下，中共開始實行改革開放政策，以「摸著石頭過河」的方式，逐步嘗試引入市場機制並建立「特區」開放對外經濟。[42]隨著改革開放的進行，中國大陸不僅增加農業產量，也逐漸推行城市工業的改革。外商也嘗試進入中國大陸投資，中國回到世界經濟舞台，開始在全球經濟中占據愈來愈重要的地位。

1. 改革開放的前夜

在過去的十年中，當我們提到中國大陸的經濟，經常會聯想到「繁榮」、「高速發展」和「暴富」等詞彙，這些現代化的形象已成為許多人對中國大陸的既定印象。但事實上，這樣的繁榮景象只是中國大陸四十多年來發展的結果。若要追溯中國如何從一個貧窮落後的國家蛻變成今日的經濟大國，我們必須回到一九七八年的改革開放之始。

在那個時候，儘管中國大陸在國際舞台上已經成功與美國建立正式的外交關係，結束了長期的外交孤立，但國內政治環境仍然處於高度保守和封閉的狀態。四人幫被捕，文革結束後，華國鋒曾試圖緩解國內緊張的意識型態，但整體政策仍受到毛澤東時代影響，處於一種介於繼承毛澤東遺志與真正改革開放之間的微妙平衡。[43]鄧小平在一九七七年重新回到政治舞台，出任

國務院副總理，主管科技和教育領域。他是一位具有前瞻性的政治家，但在當時奉行「韜光養晦」，並未公開挑戰既有的政治秩序和華國鋒的領導地位。鄧小平復出後的政策和行動都表現得相對謹慎，試圖避免在政治上過於突出，以免再次引起波瀾。然而，正是他後來的開放策略，使中國經濟得以快速發展，從而逐步塑造出今日的國際形象。[44]

一九七八年，鄧小平開始在意識型態領域中挑戰華國鋒的領導地位。一九七八年五月，一篇標題為〈實踐是檢驗真理的唯一標準〉的文章發表於中央黨校刊物上，在當時引起相當大的震撼。該文在胡耀邦副校長的支持下，批判了過於保守、不變通的「教條主義」和過度的「個人崇拜」，直指毛澤東時代的某些做法。鄧小平對此表示強烈支持，被外界解讀為是對「兩個凡是」原則和背後的華國鋒領導地位的挑戰。[45]很快地，中共的高層領導分成兩大陣營：一方支持「實踐標準」的創新思維，另一方則堅守「兩個凡是」原則。這場思想爭論不僅是理念的對立，更深層揭示鄧小平和華國鋒兩派之間在政策和政治路線上的分歧。在隨後的一段時期，由鄧小平領導的那些在文化大革命中曾受到打擊的「老幹部」，與由華國鋒領導的「文革受益派」之間的政治鬥爭更形劇烈。[46]

在中共的官方紀錄中，一九七八年十二月的第十一屆三中全會被確定為鄧小平改革開放路線的啟動點。然而在學者看來，十一月十三日召開的中央工作會議才是真正的轉折點。在這次工作會議上，兩大陣營：一方是在文化大革命中受益的官員，另一方則是曾受到冤屈和打擊的

「老幹部」，雙方展開了激烈的辯論和鬥爭。主要的焦點是文化大革命期間被打壓幹部的平反問題。經過激烈的討論，最終「老幹部」方取得勝利。這不僅意味著大量曾受冤屈的官員得以恢復名譽，更重要的是，鄧小平獲得葉劍英、李先念和陳雲等元老的支持，他的非正式權力壓倒華國鋒名義上的權威，成為實際上的黨內最高領導人。[47]

這次權力轉移不僅改變了中共黨內的權力結構，更確定中國大陸未來幾十年的發展方向。在鄧小平的領導下，中國大陸積極推進經濟改革和對外開放，打破長時間的封閉和保守，為國家帶來前所未有的發展和繁榮。這一系列的政策和改革，不僅深刻地影響中國大陸的國民經濟和社會結構，更讓中國在國際舞台上扮演非常重要的角色。

在一九八〇年代，中國大陸的改革開放浪潮蓬勃發展，其中有四大主軸策略。[48]

首先，農村改革成為初始階段的核心策略。政府提倡家庭聯產承包責任制，使農民能夠根據其生產能力獲取相應的報酬，大大激發了農民的生產積極性。同時，鼓勵鄉鎮企業興起，成為連接城鄉的重要經濟橋梁。此外，政府積極推廣農村小城鎮建設，希望透過城鎮化策略，提升農村地區的生活水準和經濟發展。

其次，企業改革方面，政府努力翻新國有企業，使其更加適應市場機制，並提高生產和經營效益。同時，政府大力支持和推動民營企業和個體戶的成長，為市場經濟注入新的活力。

第三，為了快速引進外國資本、技術和管理經驗，中國大陸特別設立數個經濟特區，涵蓋深圳、珠海、汕頭、廈門等沿海十四座城市，這些特區成為外資投資的熱土，也成為中國改革開放的窗口。

最後，積極的對外開放策略。中國大陸對外貿易制度進行重大改革，取消國有企業的進出口獨占權，讓更多企業可以參與國際貿易。此外，政府大力推廣「三資企業」，即合資、合作和外資企業，特別是鼓勵來自台港澳等地的企業在中國大陸投資和建廠，深化兩岸及港澳與中國大陸的經濟合作。這四大策略使中國大陸在短時間內經歷了翻天覆地的變革，不僅在經濟上取得驚人的成長，同時也使中國大陸逐漸融入國際經濟體系中。

2.經濟特區的作用：吸引外資

經濟特區的設立，不僅是鄧小平改革開放策略的關鍵一環，更是將中國大陸與國際市場接軌的重要步驟。經濟特區概念起源於對外經濟交流和合作的需求，它具有專門、特定的地理範圍，並獲得中央政府特殊政策的支持。

中國大陸的經濟特區在社會主義體制中被設計為改革開放的試驗地區，「特區」的特性體現在以下幾點：首先，中央政府賦予這些特區更多的經濟管理和運作自主性；其次，為了鼓勵外部投資，特區在稅收、土地使用和出入境政策、外匯結算方面提供一系列的優惠措施；再者，特區主要依賴外資為發展動力，並將市場機制作為主要的調節工具。鄧小平精關地將經濟特區描述為「不僅是技術和管理的窗口，更是知識和對外策略的展示窗口」。[49] 實際上，我們可以認為，中國大陸設立經濟特區的策略，在某種程度上受到台灣在一九六〇年代設立出口加工區模式的啟示。這兩種策略的核心都是在指定的地域提供一系列的經濟和稅收優惠，以吸引國外投資和先進的技術與設備。透過利用本地的低成本勞工與低廉的土地，這些區域成為生產和出口的樞紐，有效地獲取外匯並促進地方經濟快速成長。這種策略不僅增強對外貿易競爭力，也為當地企業帶來技術和管理上的創新，進一步推動整體經濟的現代化和國際化。

確實，中國大陸採納特區政策還有一個重要考量：以較低的風險進行改革的嘗試。從鄧小平的角度看，特區是一個小規模的、可控的實驗場所。如果這個模型在特區內部成功，那麼它可以被視為一種成功的政策典範，進一步在其他地方推廣。特區就像是一個社會實驗室，讓政府可以在相對安全的環境中測試不同的改革策略。

如果特區政策在實際操作中確實帶來預期的經濟效益和社會進步，那麼它就可能被擴展到更廣的地域；但如果試驗未能成功或帶來不良後果，政府也可以迅速地調整策略，並控制可能的損失，以確保國家整體利益。這種彈性和預防性的策略思考是中國在進行改革開放時的一大特點，也是日後許多企業發展的戰略做法，稱為「試點」，旨在改革中尋找最佳的發展模式，同時儘量減少風險。[50]

特區的成功關鍵在於中央政府給予的「政策優勢」與其固有的「區位優勢」相結合，使得這些區域在經濟發展上遠超過中國大陸其他地區。不僅如此，它也為世界各地的投資者提供一個富有吸引力的投資環境。作為世界自由港區的一部分，經濟特區主要採取減免關稅、優惠稅收等政策措施，吸引外國企業投資。

（三）小結

在一九七〇年代冷戰晚期，東亞區域再度經歷劇烈轉變。為了共同對抗蘇聯，美國選擇與中國大陸接觸，這一決策結束了一九五〇年代以來的東亞冷戰格局。在中美和解的背景下，中共開始實行改革開放政策，以「摸著石頭過河」（雖然沒有人知道有無「石頭」，重點是「過河」）的方式，韜光養晦（鴨子划水）的姿態，逐步嘗試引入市場機制並建立「特區」開放對外經濟。隨著改革開放的進行，中國大陸不僅增加農業產量，逐漸推行城市工業的改革，外商也開始進入中國大陸投資。

四、渡河遇險：中國一九八〇年代經濟改革的頓挫

（一）中國大陸經濟改革的頓挫：雙軌制改革失敗

中國大陸於一九七六年啟動的經濟社會體制改革在初步階段，主要目標是減少政府的行政干預，進而增強國有企業的營運自主性。四川省首先被選為該改革的試點地區，基於此區的初步成果，該政策逐步在全國範圍內推廣。到了一九八〇年，已有超過六千六百家國有企業參與這一改革試點。

中國大陸在這階段的改革策略，事實上大量借鑑蘇聯在一九六五年實施的企業放權政策。該策略的核心思想圍繞著兩大主要原則：第一，減少對企業的計畫性控制，給予其更多的生產和銷售自主權；第二，設計和實施一系列的激勵措施，旨在提高企業和其員工的生產效率和經營績效。

然而，這套改革策略並未如預期般帶來持續和普遍的好效果。儘管在一些特定企業內部，這些改革措施確實增強生產活力和效益，但由於當時缺乏完善的市場調節機制和價格形成機制，導致供需關係的失衡和生產資源的浪費。例如，某些產品可能被過度生產，而其他產品又面臨

短缺。這種混亂的情況進一步加重國有經濟的困境，使其發展速度遠遠落後於預期。[51]

面對國有企業改革的困境，中國大陸的決策者轉向非國有經濟部門，尋找新的經濟成長動力。特別是民營經濟的發展，成為中國經濟策略的新焦點。為此，「增量改革」策略應運而生，其核心理念是在原有體制之外，創建新的經濟增長區域和領域。

此策略的執行成果顯而易見。許多私營企業和鄉鎮企業如雨後春筍般迅速崛起，賦予中國經濟新的活力。從統計數據上，可以清晰看到這一變化的軌跡：一九七八年，國有企業在工業總值中占七七．六%，但到了一九九〇年，這一比例下降至五四．六%。此外，非公有經濟在零售領域的表現尤為亮眼，一九八五年其已占據零售銷售額的五九．六%，超過國有企業，從而成為零售市場的主導力量。

這種增量改革的策略不僅成功地引導經濟轉型，還促使中國在一九八〇年代經歷一個高速成長的時期。在這十年間，國內生產總值的年均成長率高達一四．六%，同時，城鎮居民的家庭人均可支配收入也達到年均一三．一%的成長率。[52]

在中國大陸的經濟改革過程中，一度形成了計畫經濟與市場經濟並行運作的雙軌制。這一體制的形成，部分源於初期改革策略，允許企業超出計畫外的產品可以在市場上自由銷售。這樣的安排為市場提供了更多的自由度，但也導致計畫經濟與市場經濟間的混合和撞擊。雙軌制最明顯的現象體現在生產材料供應和價格上。具體來說，那些只在市場上營運，不受計畫經濟限制的集體企業和私營企業也積極參與生產材料的銷售。而在這個過程中，市場價格的吸引力使得很多位居壟斷地位的國有企業更有動力在市場上銷售其產品和材料，這也導致計畫內的供應短缺。此外，雙軌制還在其他方面產生影響，例如國有銀行的貸款利率和市場利率之間，以及外匯官方匯率和市場匯率之間都存在明顯的差距。[53]

首先，雙軌制導致「倒買倒賣」的現象，即企業或個人從低價的計畫經濟供應鏈購買商品，然後在高價的市場經濟中出售套利。這種現象不僅對經濟效率造成嚴重影響，而且嚴重損害公平競爭環境。其次，雙軌制改革也引發企業間的不平等競爭。在這種制度下，國有企業可以享受計畫經濟的補貼和保護，壟斷資源，而民營企業則必須在市場經濟的競爭壓力下獨立生存。這不僅導致企業間的不公平競爭，國有企業生產效率低下所引發的供需失調問題，更對企業的健康發展造成阻礙。總的來說，雙軌制改革的失敗，在很大程度上阻礙了中國大陸經濟改革的進程。

（二）天安門事件：價格改革失敗導致經濟治理失序，最後釀成政治危機

一九八四年的第四季度，中國大陸面臨經濟過熱問題。經濟成長迅速，信貸擴張過急，形

成一系列的經濟泡沫。儘管中央政府努力用行政手段控制信貸發放，但成果不明顯。一九八五年，當時的國務院總理趙紫陽提出一種新的經濟調整策略——「軟著陸」。這意味著，中國大陸政府將逐步、分階段地調整、干預經濟，避免大幅度的突發性調整。軟著陸的主要策略是分期調整銀行利息，旨在平緩經濟過熱情況，但又不引起經濟衰退。一九八六年至一九八七年，這種分次升息的策略在一定程度上取得成功，經濟增速得到控制，泡沫得到緩解。[54]

然而，及至一九八八年，經濟調整仍未完全獲得實現。市場物價繼續上升，價格扭曲問題仍舊存在，尤其是所謂的「官倒」現象，使得不少人從中牟取暴利，進而引發廣大民眾的不滿。面對這樣的局面，中央政府在一九八八年五月決定採取更為大膽的策略——價格闖關。這意味著政府將在一個可控制的範圍內放開價格，嘗試透過市場機制來解決價格扭曲問題。這個策略旨在從根本上解決價格問題，並使經濟更加健康地發展。這個策略也是冒著風險的，因為價格的快速調整可能會引發社會的不穩定和民眾的不滿。

在價格闖關策略的影響下，中國大陸的通貨膨脹比預期加劇。而物價上升，人們對未來的擔憂和不安感逐漸加重。這種情況下，「物價漲一半，工資翻一番」的順口溜逐漸在民間流傳開來，反映大眾對當時經濟環境的評價和情感。當時通貨膨脹的情況達到一個前所未有的高度，消費者物價指數（CPI）平均成長高達二〇．七%，導致民眾急遽的恐慌購物潮，人們擔心必需品供不應求，紛紛湧入市場大量購買物資，導致物資供應更為緊張。

此外，隨著通貨膨脹，人們對存款貶值的擔憂也加重。許多人紛紛湧向銀行提款，造成銀行的現金流出急遽增加，部分銀行甚至面臨擠兌的危機。整體的經濟環境顯得十分混亂，社會信心受到嚴重打擊。這一連串的經濟動盪，不僅反映政府經濟政策的失誤，更在社會層面造成廣泛的不滿和抗議，黨與政府的權威受到打擊。民眾參與街頭抗議活動，要求政府解決經濟問題，並對政府的經濟決策表示強烈的不滿。這些社會不穩定的現象，在一定程度上，也預示接下來可能出現更大規模的政治動盪。[55]

價格闖關改革的失敗也引起政治上的鬥爭，保守派的代理人李鵬、姚依林得到元老陳雲、李先念的支持，將經濟治理整頓的權力集中至國務院，架空總書記趙紫陽，對改革派的代理人趙紫陽的批評，基本上就是對鄧小平的挑戰，只是元老不敢直接批評鄧小平，轉而向趙紫陽發難。[56]

一九八九年的中國大陸可以說是處於一個前所未有的緊張氛圍之中。政治上的對立與經濟的動盪相互交織，導致社會矛盾加劇。在這樣的背景下，胡耀邦的突然去世更像是投下一枚引爆社會情緒的火星。胡耀邦一直被認為是改革派的代表人物，他提出的許多改革理念得到很多年輕人和知識分子的支持。他的去世不僅使得這些支持者感到失落，而且讓他們感受到改革的艱難與不確定性。在這種情境下，大量的市民走上街頭，表達他們對胡耀邦的悼念和對當前政府政策的不滿。

最初的集會非常和平，且受到廣大市民的理解和支持。但隨著時間的推移，愈來愈多人加入示威隊伍，訴求也逐漸從對胡耀邦的哀悼，轉變為對政府進行更廣泛和深入的批評。特別是當這些批評涉及政治體制和權力分配時，示威活動逐漸與當局對立。這場抗議活動走向一個悲劇性的高潮。在中共高層的命令下，軍隊進入北京市區，與示威者發生直接衝突，並使用武力進行鎮壓。這一事件震驚了國內外，成為中國現代史上的一個重大事件。[57]

（三）天安門事件後，台商成為中國大陸主要外資來源之一

從企業永續經營的角度出發，企業投資中國大陸是全球布局必要的選擇。政府開放企業投資大陸之後，台灣大型企業開始選擇赴陸投資。當時正值國際資本因天安門事件政治危機而對投資中國大陸裹足不前，一九九〇年的外商直接投資金額雖然有三十四·八七億美元，但是只有二·八%實際投入，是改革開放以來的最低點。[58]此時台灣資本卻選擇逆流而上、勇敢西進，一九九二年至一九九四年間蟬聯大陸第二大外資來源，不得不讚嘆台商基於文化、語言、同文同種的聯結，所散發出來的勇氣。

在一九八〇年代中期，台灣的經濟面對前所未有的挑戰。當時國際經濟環境日趨複雜，許多國家開始實施貿易保護政策，造成外部貿易環境惡劣。與此同時，台灣的經濟環境也開始出

現變數，新台幣的升值，工資上升，以及勞動力短缺等問題開始浮現。然而，正當台灣經濟面臨種種挑戰之際，中國大陸正好開啟一個全新的時代——改革開放。這個巨大的市場開始向外界展現出前所未有的機會，特別是對於台灣這樣的鄰近經濟體。中國大陸以其廉價的勞動力、低廉的生產成本，以及各式外資優惠政策，吸引眾多台商的目光。

在中國大陸實施改革開放後，第一批敢於跨海投資中國大陸的台商帶著他們的冒險與務實精神，展開對這片新天地的探索。一九八一年，第一家台商跨越海峽，到福州市設立工廠，這象徵著台商投資中國大陸的第一步。[59]但因當時台灣與中國大陸仍處於內戰，所以投資中國大陸皆屬非法，台商在大陸的投資行為多是透過間接的方式，例如透過第三地轉投資，或是以個人或小企業名義進行。到了一九九二年和一九九三年，台灣逐步修訂《台灣地區與大陸地區人民關係條例》、《在大陸地區從事投資或技術合作許可辦法》，正式合法開放對中國大陸的投資。大型的台灣企業看到這片沃土上的商機，開始大舉布局。

不同於其他外國投資者，台商大多選擇成立獨資企業，避免與中國大陸當地企業合資。這種獨資經營的方式，一方面體現台商對業務的自信，另一方面也是為了確保管理的穩定與品質的控管。他們不僅選擇投資設廠，而且多數都親自赴當地經營，這種「跳入戰場」的方式，更凸顯他們的決心和勇氣。他們習慣僱用台灣同鄉，尤其是有經驗的管理層，以確保企業文化的延續和管理的有效性。

主導這波投資潮的，多是專注於代工（OEM）的業者。台灣高昂的經營成本，尤其是勞動力成本，使這些企業在台經營面臨極大的壓力。而中國大陸廉價的勞動力、土地和龐大的市場，無疑成為他們轉型的首選。他們設廠也是延續台灣的代工模式，多為「台灣接單、中國大陸加工生產、產品外銷」的「兩頭在外」出口加工模式，高度的外銷比率也說明了他們的全球視野。

值得注意的是，儘管這批台商的勇氣和遠見值得尊重，但他們的投資規模相對較小，多數是中小型企業，每次投資金額通常不超過一百萬美元。這反映他們在初期探索中國大陸市場時的謹慎態度，也顯示出他們在商業決策中的實際和務實。[60]

相較於中小企業，上市櫃的大型企業在投資中國大陸方面通常較為保守，而企業創辦人的出身背景對投資中國大陸決策確實產生一定程度的影響。在這些企業中，首家進軍大陸市場的是擁有江浙滬背景的中興紡織，它於一九八九年在上海創建了金寶興製線公司。隨著台灣對大陸投資政策的開放，多家具有江浙滬背景的企業也開始涉足，包括長興化工在上海成立的長興科技，專門進行相機製造，華新麗華在上海設立的白鶴華新麗華特殊鋼公司，以及亞洲水泥在武漢設立的亞東水泥公司。值得注意的是，除了亞洲水泥，其他三家企業選擇投資大陸時，都明顯偏好自己熟悉的地理區域，特別是上海。[61]

我們可以發現，台商投資中國大陸的決策背後既有感性的文化和心理因素，也有理性的經濟考量。一九八〇年代投資中國大陸的台商以外省籍企業家為主，他們與中國大陸有深厚的文化和情感緣分，這種感性因素在投資風險不確定的情況下，往往成為影響決策的重要因素之一。然而，到了一九九〇年代中期之後，投資中國大陸的台商數量激增，一九九七年至一九九九年就有六十九家上市櫃企業共八十二項投資案獲得通過。[62]這時企業的投資考量已經逐漸沒有太多感性因素，對中國大陸巨大市場潛力以及廉價勞動力、土地資源的理性考量，成為吸引台商投資的主要驅動力。換言之，無論是早期的外省籍台商還是後來的台灣本省籍台商，他們的投資決策雖然初期受到情感和文化因素影響，但最終還是由經濟利益的理性考量所主導。當然，一九八〇年之後投資中國大陸的外省籍台商有了投資回報，也相對激勵了一九九〇年代赴中國大陸投資的所有台商。

(四) 小結

中國大陸的改革開放並不是一帆風順。計畫經濟與市場經濟並行的雙軌制改革造成生產物資供需失衡問題，嚴重影響企業運作。一九八〇年代末期的經濟過熱與通貨膨脹，更是嚴重挑戰中國大陸政府的治理能力，價格改革失敗使中國大陸社會陷入嚴重的經濟與社會危機，最終釀成政治危機，爆發舉世震撼的天安門事件。天安門事件後，西方各國對中國大陸實施經濟制裁，改革開放政策也因此受到打擊。在西方外商投資卻步的同時，台商成為中國大陸外商投資的主力之一，他們移植台灣的出口加工經營模式與管理經驗到中國大陸，具有江浙滬背景的企業是當時台商中不可忽視的一股力量，他們多選擇上海為投資地點。一九九〇年代後期，上市櫃的大型企業取代中小企業成為投資中國大陸的主力，它們看中巨大的市場潛力以及廉價的勞動力、土地資源，理性因素成為吸引台商投資的主要驅動力，因此在中國大陸北部、中部、南部、東部、西部，全面布點投資。

註釋

01｜查默斯・詹森（Chalmers Johnson），一九八五，《推動日本奇蹟的手：通產省》，姜雪影、李定健譯，台北：天下。

02｜尹仲容，一九六二，《我對台灣經濟的看法：三編》，台北：美援運用委員會，頁四三－四四。

03｜資料出處根據行政院主計處－中華民國台灣地區國民所得統計摘要。

04｜以二〇一一年的美元計價，資料來源：Maddison, Angus, 2010. Maddison Database 2010, https://www.rug.nl/ggdc/historicaldevelopment/maddison/releases/maddison-database-2010.

05｜趙既昌，一九八五，《美援的運用》，台北：聯經出版，頁七。

06｜趙既昌，《美援的運用》，頁一三。

07｜葉萬安，一九六七，《二十年來之台灣經濟》，台北：臺灣銀行，頁六二－六三。

08｜洪紹洋，二〇二一，《商人、企業與外資：戰後台灣經濟史考察（1945-1960）》，新北市：左岸文化，頁一五－一九。

09｜瞿宛文，二〇二〇，《台灣戰後經濟發展的起源：後進發展的為何與如何》，台北：聯經出版，頁一〇〇－一〇一。

10｜瞿宛文，《台灣戰後經濟發展的起源：後進發展的為何與如何》，頁一二二－一二三。

11｜陳思宇，一九九九，《台灣區生產事業管理委員會與經濟發展策略（1949-1953）－以公營事業為中心的探討》，台北：政治大學歷史所碩士論文，頁五三－五八。

12｜瞿宛文，《台灣戰後經濟發展的起源：後進發展的為何與如何》，頁二三四－二四〇。

13｜葉萬安，二〇二二，〈戰後民不聊生的台灣，如何創造經濟奇蹟？前經建會副主委憶當年「2大關鍵」成就〉，《風傳媒》，十二月二十二日，https://www.storm.mg/lifestyle/4112281?mode=whole。

14｜陳思宇，《台灣區生產事業管理委員會與經濟發展策略（1949-1953）－以公營事業為中心的探討》，頁六九。

15｜瞿宛文，《台灣戰後經濟發展的起源：後進發展的為何與如何》，頁四六八－四七七。

16｜魏萼，一九九三，《中國式資本主義：台灣邁向市場經濟之路》，台北：三民書局，頁五〇－五三。

17｜高希均、李誠，一九九五，《台灣經驗再定位》，台北：天下文化，頁一六七。

18｜武冠雄，一九八八，《中華民國的對外貿易》，台北：中正書局，頁三六。

19｜薛化元，二〇〇一，〈八二三炮戰及其歷史意義〉，《吳三連台灣史料基金會》，八月二十日，http://www.twcenter.org.tw/thematic_series/history_class/tw_window/e02_20010820，查閱時間：二〇二四年一月九日。

20　葉萬安，〈戰後民不聊生的台灣，如何創造經濟奇蹟？前經建會副主委億當年「2大關鍵」成就〉。

21　林坤鎮，二〇一一，〈淺談我國證券市場百年發展史〉，《證券暨期貨月刊》，二九（九）：八。

22　高希均、李誠，《台灣經驗再定位》，頁一六八。

23　國家發展委員會，二〇一六，〈繁榮經濟的高雄加工出口區〉，https://www.archives.gov.tw/ALohas/ALohasColumn.aspx?c=1316#，查閱時間：二〇二四年一月九日。

24　武冠雄，《中華民國的對外貿易》，頁三八。

25　魏萼，《中國式資本主義：台灣邁向市場經濟之路》，頁五六－五八。

26　瞿宛文，《台灣戰後經濟發展的起源：後進發展的為何與如何》，頁一七三。

27　一九四七年國民政府統治初期發生的二二八事件，對台灣本土菁英造成極大的衝擊，加深日後台灣人民中本省籍與跟隨國民政府遷台的外省籍兩個族群之間的不信任，某方面而言也是台獨的遠因。二二八事件紀念基金會，「二二八事件」，https://www.228.org.tw/en_pages.php?sn=7，查閱日期：二〇二三年七月二十四日。

28　林桶法，二〇一八，〈戰後初期到 1950 年代臺灣人口的移出與移入〉，《台灣學通訊》，一〇三：四－七。

29　謝國興，二〇〇八，〈1949 年前後來台的上海商人〉，《台灣史研究》，一五（一），頁一三三－一三四。

30　中華民國工商協進會，一九五五，《自由中國工商人物誌》，台北：工商協進會。轉引自謝國興，〈1949 年前後來台的上海商人〉，頁一三九－一四一。

31　洪紹洋，二〇一五，〈戰後初期台灣外經濟關係之重整（1945-1950）〉，《台灣文獻》，六六（三），頁一一四－一一五。

32　瞿宛文，《台灣戰後經濟發展的起源：後進發展的為何與如何》，頁三六二－三六三。

33　瞿宛文，《台灣戰後經濟發展的起源：後進發展的為何與如何》，頁三六六－三六七。

34　鍾永豐，二〇一六，〈台灣土改：歷史的嘲諷與偶然〉，《端傳媒》，三月二十七日，https://theinitium.com/article/20160327-opinion-books-yungfengchung，查閱時間：二〇二三年十月七日。

35　黃薰儀，一九八八，〈你所不知道的國產〉，《天下雜誌》，三月一日，https://www.cw.com.tw/article/5104214，查閱時間：二〇二三年六月二十六日。

36　洪紹洋，《商人、企業與外資：戰後台灣經濟史考察（1945-1960）》，頁五二－五六。

37　洪紹洋，《商人、企業與外資：戰後台灣經濟史考察（1945-1960）》，頁五三－五四、五八。瞿宛文，〈台灣戰後工業化是殖民時期的延續嗎？兼論戰後第一代企業家的起源〉，《台灣史研究》，一七（二），頁五六－六〇。

38　李登科，一九九九，〈五十年的「中」、美、蘇（俄）關係〉，《中國大陸研究》，四二（一〇），頁四七－四八。

39　代兵、張碧坤，二〇一八，〈1969 年：中美蘇戰略大三角形成的起點〉，《二十一世紀雙月刊》，一六五，頁八四－八五。

40　Tenembaum, Yoav J. 2011. "Kissinger's Visit, 40 Years On." https://thediplomat.com/2011/07/kissingers-visit-40-years-on/ (July 5, 2023).

41　BBC中文，二〇二〇，〈中美台三角：中美三大聯合公報中有關台灣的表述和看點〉，https://www.bbc.com/zhongwen/trad/world-53698726，查閱時間：二〇二三年七月三十一日。

42　雖然是號稱「摸著石頭過河」，但是中共對於是否有「石頭」並無把握，重點是「過河」，也就是改革開放。

43　傅高義（Ezra F. Vogel），馮克利、顧淑馨譯，二〇一二，《鄧小平改變中國》，台北：天下文化，頁二七六－二七七。

44　傅高義，《鄧小平改變中國》，頁二九一－二九二。

45　「兩個凡是」即「凡是毛主席作出的決策，我們都堅決維護；凡是毛主席的指示，我們都始終不渝地遵循」，出自一九七七年二月七日人民日報社論「學好文件抓住綱」。德國之聲中文網，二〇二〇，〈"兩個凡是"──漫話中共黨史術語系列之四〉，八月二十五日，https://www.dw.com/zh/ 兩个凡是漫話中共党史術語系列之四 /a-54679722，查閱時間：二〇二三年七月三十一日。

46　傅高義，《鄧小平改變中國》，頁三〇四－三〇八。

47　傅高義，《鄧小平改變中國》，頁三二五－三三八。

48　鄭京平，二〇一八，〈中國經濟做對了什麼──改革開放40年回顧與思考〉，《中國發展觀察》，https://cdo.develpress.com/?p=6249，查閱時間：二〇二三年七月二十五日。

49　人民網，二〇一九，〈經濟特區的興辦與發展〉，一月二日，http://dangshi.people.com.cn/BIG5/n1/2019/0102/c85037-30498658.html，查閱時間：二〇二三年七月二十五日。

50　張軍，二〇一九，《改變中國：經濟學家的改革記述》，上海：上海人民出版社，頁一五三。

51　吳敬璉，二〇一〇，《當代中國經濟改革教程》，上海：上海世紀出版公司，頁四八－五一。

52　吳敬璉，《當代中國經濟改革教程》，頁五五－五六。

53　吳敬璉，《當代中國經濟改革教程》，頁五八－六三。

54　汪同三，二〇〇五，〈改革開放以來歷次宏觀調控及其經驗教訓〉，《新金融》，七，頁一〇。

55　傅高義，《鄧小平改變中國》，頁六二八－六三二。

56　吳偉，二〇一四，〈物價闖關終止，北京刮「倒趙風」〉，《紐約時報中文版》，十一月三日，https://cn.nytimes.com/china/20141103/cc03wuwei35/zh-hant/，查閱時間：二〇二三年八月五日。

57　傅高義，《鄧小平改變中國》，頁七八九－八三三。

58　中華人民共和國商務部，〈吸收外商直接投資月報〉，http://data.mofcom.gov.cn/lywz/inmr.shtml，查閱日期：二〇二三年九月十六日。

59　工商時報，二〇〇五，《大陸台商 1000 大》，台北：商訊文化事業，頁三五。轉引自謝國興，〈1949 年前後來台的上海商人〉，頁一六一。

60 任雪麗（Shelley Rigger），馮奕達譯，二〇二三，《從 MIT 到中國製造：台灣如何推動中國經濟起飛》，台北：春山出版，頁一八〇－一八九。

61 統計自經濟部投審會核准赴大陸投資事業名錄。經濟部投資審議司，〈上市櫃公司赴中國大陸投資事業名錄（1991-2021.12）〉，https://dir.moea.gov.tw/news.view?do=data&id=977&lang=ch&type=business_ann，查閱日期：二〇二三年九月十六日。

62 經濟部投資審議司，〈上市櫃公司赴中國大陸投資事業名錄（1991-2021.12）〉。

第二章

前進中國大陸：台商企業的新機遇

（一九九〇～二〇一九）

Expanding into Mainland China: New Opportunities for Taiwanese Businesses（1990~2019）

本章回顧台商自一九九〇年代以來在中國大陸的投資與發展歷程。主要有兩個重要的時間點，第一是台商利用中國大陸加入ＷＴＯ、成為世界最大工廠與市場的機會，發展成為世界級的企業；其次是台商如何把握中國大陸在金融海嘯後的「四萬億」基建計畫帶來的房地產市場狂飆商機持續成長。除此之外，本章也探討台商在中國大陸經營所面臨的非市場因素挑戰，以及未來可能面對的風險，這個議題將在本書的第五章進一步討論。

上海老照片・新場景

外灘二號

圖片出處｜人民網，http://sh.people.com.cn/BIG5/n2/2021/0926/c134819-34931364.html，查閱日期：2024/03/06。BIG5/n2/2021/0926/c134819-34931364.html

第一百貨

1980 年代

圖片出處｜界面新聞，https://m.jiemian.com/article/295232.html，查閱日期：2024/03/06。

2024

南京東路

1998（攝影／蔡志誠）

2024

外白渡橋

1998（攝影／蔡志誠）

2024

北外灘

1998（攝影／蔡志誠）

2024

伴亭路

1998（攝影／蔡志誠）

2024

九新公路

1998（攝影／蔡志誠）

2024

在第一章回顧了台商在一九九〇年代進入中國大陸投資的歷程。經歷了一九八九年的天安門事件後，中國大陸在一九九〇年實行一系列擴張性的財政和貨幣政策，以期扭轉當時經濟增長的放緩趨勢。然而，這一時期的經濟動盪和政治波動，最終被認為是市場經濟導向改革所致，導致保守派勢力重新崛起，收緊此前向地方政府下放的金融和投資決策權限。直到一九九一年通貨膨脹得到控制，以及一九九二年更加重要的鄧小平南巡講話後，中國大陸才重申改革開放的不變方針，確立發展市場經濟的決心和追求經濟增長的目標。[1]到了一九九三年的中共十四屆三中全會，社會主義市場經濟體制得到確立。[2]中國大陸從此走出政治爭議，實施一系列關鍵的經濟改革政策。在這樣的背景下，台商抓住天安門事件後外資撤退留下的市場空缺，成功踏上中國大陸加入WTO後經濟成長的快車道，並在隨後的三十年裡，獲得了顯著的發展和成功。

一、能抓老鼠的就是好貓：一九九〇年代的經濟改革

（一）兩頭在外：出口導向政策帶動經濟成長

在一九九〇年代初，中國大陸借鑑亞洲四小龍，特別是日本、韓國和台灣的早期發展模式，採取以沿海地區為重點的出口導向型外貿政策，這一政策被稱作「兩頭在外」。該策略主要依賴於中國大陸低廉的勞動力成本與土地成本，透過進口原材料和設備，再將加工後的成品出口到全球市場。這種經濟運作模式在一九九〇年代的中國大陸經濟發展中，發揮了關鍵的作用，不僅加速中國大陸的工業化進程，也使其成為全球製造業的中心。這一時期，這種模式還創造大量就業機會，推動內需經濟的快速成長。

在「兩頭在外」的商業模式中，企業在營運上高度依賴於進口原材料、零部件和中間半成品，這些多數來自國外供應商。這種依賴往往是因為國內缺乏相應的資源，或者是因為國外產品在成本或品質上具有明顯優勢。同時，企業所生產的成品主要用於出口，特別是出口到發達國家和地區，這樣的出口導向策略使企業能夠利用全球市場的需求，達到規模經濟的效益。這一模式的另一特點是對外部市場的高度依賴，不僅包括對原材料供應的依賴，還有對成品市場需求

的依賴，增加企業對全球經濟波動的敏感性。

這種模式不僅展現中國大陸在全球產業鏈中的地位，也凸顯經濟發展對外部市場依賴的特點。「兩頭在外」的經濟模式在一定程度上促進中國大陸經濟的迅速發展，尤其是在出口導向型產業導致外匯存底逐步累積，貨幣通量逐步好轉。然而，這也使得中國大陸經濟更容易受到全球市場波動的影響，並對外部資源和市場狀況保持高度依賴。

在此一時期實施的主要政策包括：[3]

1. 出口退稅政策的擴展

這項政策允許對出口產品中含有的進口原料和零部件的進口稅進行退還。這樣的措施有效地降低出口企業的成本負擔，從而激勵出口活動，特別是對於那些依賴進口原料和零部件進行加工再出口的企業。此舉不僅增強中國大陸製造業的國際競爭力，也有效推動出口成長，例如在一九九八年，中國大陸以增加退稅率應對亞洲金融風暴造成的出口衰退。[4]

2. 人民幣匯率政策調整

在一九九〇年代，中國大陸開始實施人民幣的可兌換政策，尤其是一九九四年的一次關鍵性人民幣匯率調整（貶值），進一步提升產品在國際市場上的價格競爭力。這種匯率政策的調整使中國大陸商品在全球市場上更具吸引力，從而推動了出口的大幅增長。

3.設立出口加工區

中國大陸政府在一九九〇年代，於沿海地區積極設立出口加工區。這些專門的區域提供一系列吸引外資的優惠條件，包括稅收減免和行政程序的簡化。這些措施旨在減少進出口過程中的繁瑣手續，降低企業的營運成本，從而吸引更多外國投資者來中國大陸投資建廠，進而推動出口導向型經濟的快速發展。

4.外貿體制改革

中國大陸還進行了一系列外貿體制的改革，進一步放寬對外貿經營權的限制。這項改革的核心在於，允許更多的企業參與到進出口活動中，打破了此前對外貿易的嚴格控制。這一舉措有效地促進外貿活動的多元化和市場化，增加外貿的活力和效率。這些改革措施不僅為中國大陸企業提供更多的國際貿易機會，也為外國企業進入中國大陸市場創造更多機會。

5.加入世界貿易組織（WTO）的準備

中國大陸在一九九〇年代就開始積極調整其貿易政策，以滿足WTO成員國的標準。這一過程中，中國大陸進行一連串重要的改革，包括降低進出口商品的關稅水平和逐步取消貿易配額制度，這些措施旨在減少貿易壁壘，促進更自由的國際貿易。這些改革不僅使中國大陸的貿易體系更加開放和透明，也為其加入全球貿易體系奠定基礎。

6.促進科技和高新技術產品出口

中國大陸政府還特別強調對科技和高新技術產品出口的促進。為了推動這一領域的發展，政府實施一系列支持措施，包括為涉及科技和高新技術的出口企業，提供稅收減免、財政補貼和研發支持。

在一九九〇年代，中國大陸的出口貿易政策對其經濟發展產生顯著的影響。這些政策透過鼓勵出口，加速經濟成長，尤其是促進工業產品的大量生產和出口，從而顯著提升國內生產總值（GDP）。隨著出口增加，中國大陸的外匯儲備也顯著增長，為進一步的經濟發展和國際貿易，提供更大的靈活性和安全網。出口貿易的擴大還促進產業結構的調整，特別是製造業的快速發展，使中國大陸逐漸成為「世界工廠」。

這一時期，積極的出口政策和市場開放吸引大量外國直接投資（FDI），不僅促進技術和管理經驗的轉移，還為經濟提供額外的資本。此外，出口導向型經濟為中國大陸創造大量就業機會，特別是在製造業和相關的服務業，有助於緩解就業壓力和推動社會穩定。同時，透過積極參與國際貿易，中國大陸的全球經濟地位得到顯著提升，成為世界主要的出口國之一。然而，這些出口導向的政策也帶來一些挑戰，如對外部市場的依賴度增加，對國際市場波動的敏感性提高，以及環境問題和資源壓力。總體而言，一九九〇年代的出口貿易政策對中國大陸經濟的現代化和快速發展產生關鍵作用，也大力促進內需消費市場。

（二）國有企業改革、金融改革、土地制度改革

在一九九〇年代，中國大陸經濟改革進入一個關鍵的轉折期，不僅深化一九八〇年代開始的改革開放政策，還推行一系列創新的政策和措施，這些改革進一步推動市場化進程和中國在全球經濟中的融合。一九九〇年代的經濟改革對於中國大陸經濟的現代化和全球一體化進程具有極為正面的意義。這些改革不僅加深市場化進程，還為中國大陸在二〇〇〇年後的經濟快速發展，奠定堅實的基礎。

1. 國有企業改革

一九九〇年代，中國大陸對國有企業進行深刻的改革。這包括引入股份制，允許私人投

資，以及推動公有企業的市場化。這些改革旨在提高國有企業的效率和競爭力。中國大陸在一九九〇年代對國有企業進行的改革，是該國經濟現代化進程中的重要一環。這一時期的改革旨在提高國有企業的效益、效率、競爭力，降低對政府財政支持的依賴，並將它們轉變為現代化的市場主體，主要的改革涵蓋以下幾個層面。[5]

所有制結構調整：所有制改革的核心是引入混合所有制，即允許私人資本和外資參與到國有企業中。這一策略不僅增加了企業資本的多元化，還引入了市場經營理念和管理技巧，有助於提高企業的經營效率和創新能力。

企業治理結構改革：企業治理改革則著重於將國有企業轉型為現代公司制企業，透過建立獨立的董事會和完善的內部治理結構，提高企業的決策透明度和效率。這包括引入市場化的經營理念，如根據市場需求和競爭環境進行決策，以及對企業績效進行量化評估。

瘦身減員：這一措施旨在透過結構調整來精簡國有企業，減少冗餘人員和剝離非核心業務。這種做法有助於降低營運成本，提高企業的靈活性和市場響應能力。

債務重組和財務改革：針對國有企業普遍存在的高負債問題，政府實施一系列的債務重組計畫。這包括調整債務結構、減免部分債務，以及提供財政支持以幫助企業度過難關。同時，財務改革也被推行以增強企業的財務管理和透明度。這包括改善財務報告制度、強化內部審計功能，以及建立健全的財務監控機制。

引入市場競爭機制：這一策略重點在於鼓勵國有企業積極參與市場競爭，降低政府在價格設定和資源分配上的直接干預。透過這種方式，國有企業被鼓勵以市場需求為導向，十八大三中全會中提出的：將「市場在資源配置中起決定作用」，更是一場變革。

社會保障體系改革：隨著國企改革的深入，政府意識到需要建立一個更加全面和可持續的社會保障體系。因此，政府逐步承擔起原本由國有企業提供的社會福利職能，包括養老保險、醫療保險和失業保險等。這一轉變使得社會保障脫離企業，而由政府和社會共同承擔，從而減輕企業的負擔，並提高社會福利的覆蓋範圍和效率。

中國大陸對國有企業進行改革的影響，主要體現在以下幾個方面。首先，改革透過引入市場機制、優化管理和引入私人資本，顯著提高國有企業的經營效率和市場競爭力，使得這些企業能夠更好地適應市場環境，從而提升整體經濟效率。其次，國有企業的改革促進經濟結構的調整，特別是透過「抓大放小」的策略，使得資源更多地集中於關鍵和核心產業，同時也促進非國有經濟的發展。此外，國有企業改革導致的大量員工下崗，迫使政府對就業市場和社會保障體系進行重大改革，推動勞動市場的靈活性和社會保障制度的建立。但是，就筆者認識的很多朋友，從國有企業下崗的工人，至今其實還有人在抱怨市場化機制，造成他們失業下崗、生活困苦，雖然他們每月享有一定的國企補償與退休金，由此可見，當初改革有多麼困難。同時，市場機制的引入和國際競爭的加劇，促使國有企業尋求技術創新和升級，從而推動整體產業的技術進步。

2.金融改革

在一九九〇年代，中國大陸著手進行一連串關鍵的金融體制改革，旨在推進金融行業的現代化和向市場導向的轉型。這些改革深刻影響中國大陸的經濟結構，並為其後續的快速經濟發展奠定堅實的基礎。這些改革主要包括以下幾個方面。[6]

銀行業改革：中國大陸的銀行業經歷一系列重大的改革和結構調整，目的在提升整個銀行系統的競爭力、效率和風險控制能力。其中，一項關鍵的改革是對國有商業銀行的公司化改造。這一改革將更多的市場化運作機制引入國有銀行，包括改善銀行的治理結構、提升資產品質管理，以及加強貸款審核和風險控制流程。

利率市場化：過去由政府嚴格控制的利率機制逐漸放開，市場因素在利率形成中發揮愈來愈重要的作用。這種變化不僅提高資金配置的效率，也增加銀行業的靈活性和市場導向性。利率市場化為銀行提供更多定價自主權，使其能夠更靈活地根據市場條件和風險評估來調整利率，從而更有效地管理貸款組合和利潤水準。

資本市場發展：一九九〇年上海證券交易所和一九九一年深圳證券交易所的開業，標誌著中國大陸資本市場的形成，為企業提供新的融資途徑，同時為投資者帶來豐富多樣的投資機會。這些證券交易所的開業，不僅促進企業的資本結構優化和擴張，還為普通民眾提供投資股票和債券的管道，擴大金融市場的參與者範圍。

外匯管理制度改革：中國大陸在外匯管理領域同時進行重人改革，特別是一九九四年的人民幣匯率體制改革，這一改革實施人民幣的部分可兌換政策，增強人民幣在國際市場上的競爭力，並為國際貿易和跨境投資創造更有利的環境。

非銀行金融機構的發展：除了銀行系統改革，中國大陸也大力推動非銀行金融機構的發展。包括證券公司、保險公司以及各種專業金融機構的成立。這些機構的發展不僅豐富金融服務的種類和品質，還增強整個金融市場的深度和廣度。

金融監管加強：金融監管的加強也是中國大陸金融改革的一個重要方面。中國大陸政府加強金融監管機構的建設，制定和實施一系列嚴格的監管規則和標準，包括對銀行、證券、保險等各類金融機構的資本充足率、風險控制和合規經營進行監督。

一九九〇年代的一系列金融改革和發展，對於中國大陸資本市場的成熟化及其在全球經濟中的地位提升產生關鍵作用。這些改革不僅推動中國大陸經濟的快速成長，也為其在國際舞台上的更深入參與奠定基礎。這些金融改革和發展，其實很多都是借鏡美國、英國、香港、台灣的運作方式，我們常看到政府官員要考察英國金融銀行、香港、台灣金融證券銀行，為中國大陸經濟的現代化、市場化以及更廣泛的國際融合提供堅實的基礎，提升中國大陸在全球經濟體系中的地位和影響力，也為二〇〇〇年以後，整個經濟在出口外匯、引入流動性，國內、國際投資、內需消費帶來舉世震驚的經濟發展。

3.土地制度改革

一九八八年，中國大陸在憲法中首次明確提出土地所有權和使用權分離的制度，允許土地使用權的轉讓，這為後續的土地制度改革奠定重要基礎。[7]土地制度改革被視為構建社會主義市場經濟體制的基本框架之一，其核心目標是建立一個與社會主義市場經濟相匹配的土地市場體系。這些改革的實施，對促進中國大陸的經濟增長和加快城市化進程，產生重要的影響。主要的改革面向包括：[8]

土地使用權的分離和流轉：中國大陸對土地使用權進行創新的分離與流轉機制。根據這一制度，國家仍然保留土地的所有權，但允許土地的使用權透過出讓、租賃或轉讓等方式在市場上流動。

土地出讓制度的建立：中國大陸政府還建立土地出讓制度，透過公開拍賣和掛牌等方式出讓土地使用權。土地也可以變更性質，例如：農地變更為商用地或住宅地，這一舉措標誌著中國大陸土地市場化的正式啟動。土地出讓制度不僅為地方政府提供重要的財政收入來源，還刺激城市基礎設施建設和房地產開發，進一步推動城市的現代化和擴張。

農村土地承包制度的確立：中國大陸在農村地區實施具有里程碑意義的家庭承包責任制。根據這一制度，農民獲得對指定土地的長期承包權，從而擁有更大的自主權，來決定土地的耕種和使用方式。這項改革極大地激發農村地區的生產積極性，顯著提高農業生產的效率和產出。

土地管理和規劃體系的完善：中國大陸還積極完善土地管理和城市規劃體系，以便更高效和合理地管理土地資源。這包括制定詳細的土地利用規劃，控制非農用地的過度擴張，二〇〇八年首次提出十八億畝耕地紅線，保護農地不被侵犯變更，並加強對土地使用的監管和管理。這些措施旨在確保土地資源的可持續利用，促進經濟發展與環境保護的平衡。

這些改革對於促進中國大陸的經濟增長和城市化進程，產生了關鍵作用，特別是在加速房地產和相關產業發展，以及提升農村地區生產力方面。土地制度的改革不僅增強土地資源的市場化配置效率，也為中國大陸經濟的持續快速發展提供重要支撐。

（三）中國大陸的改革政策對台商帶來什麼樣的機遇？

1. 外貿政策的開放

中國大陸外貿政策的開放為台商帶來廣泛的商業拓展機會，尤其是在製造業和消費品市場方面。當時，中國大陸的勞動力成本相對較低，加之製造業的迅速發展，這為注重成本效益的台商提供明顯的競爭優勢。許多台灣企業選擇在中國大陸設立製造基地，以此降低生產成本並提升市場競爭力。這不僅使台商能夠更好地利用大陸的製造和出口優勢來拓展國際市場，未來也能夠跨足大陸市場。

台商借助在台灣累積的出口加工和國際貿易經驗，有效地整合在中國大陸的資源和製造能力，增強他們在全球市場上的競爭地位。此外，中國大陸政府為吸引外資進入，提供一系列優惠政策，如稅收減免（二免三減半，即二年免稅、三年稅收減半，甚至有的地方政府給五免五減半）和土地使用權方面的優惠（有的地方政府，租金前二年全免），這些政策大大降低台商在中國大陸經營的成本和投資門檻，進一步促進他們在大陸市場的擴張。

台商的成功不僅依靠中國大陸的低成本優勢，也得益於台商自身的經營策略和國際視野，事實上，絕大部分的台商在中國大陸的大躍升，大都以加工出口為主經營，再擴展至內需市場，像是富士康、廣達電腦、和碩電腦等等。隨著中國大陸經濟的不斷發展和市場的進一步開放，台商在這一時期成功地確立了自己在中國大陸乃至全球市場的重要地位。

2.國有企業改革

在一九九〇年代中國大陸的國有企業改革過程中，台商面臨著多重商機和發展前景。國企的混合所有制和公司化改造，為台商提供與國企進行合資或合作的新機會，這種合作不僅使台商能夠利用國企的品牌、市場及資源，還有助於在管理經驗和技術創新方面進行知識共享。隨著國企市場化的推進，台商獲得進入原本由國企主導的行業，如機械製造、汽車零件和紡織等領域的機會，從而擴大他們的業務範圍和市場影響力。

最重要的是，國有企業改革出現大量下崗工人。這些成為被釋放到勞動市場的人力資源，為外資、台商等私企、民企提供重要的人力資源支持。隨著國有企業減員增效和結構調整，許多工人面臨重新就業的挑戰，這為民營企業，特別是勞動密集型的產業如製造業、建築業和服務業，提供了大量的勞動力。

這些下崗工人通常具有一定的技能和工作經驗，對於迅速擴張的民營企業來說，這是一個寶貴的資源。台商和其他民營企業得以利用這些人力資源來降低營運成本、提高生產效率，並加快企業的發展步伐。此外，這些工人的重新就業也有助於緩解社會緊張和提高家庭收入，從而刺激內需市場的發展。大學專業生的白領，也是極具競爭力的一環。記得一九九九年時，永大機電（永大電梯）在四川成都招募員工去上海工作。當時永大在台灣的薪資已是中上水準，在上海則開出月薪三千元人民幣、年領十四個月的工作條件，這在當時是相當高的水準。有位前來應徵的大學本科畢業白領，在面試結束後，回家向父母報告，他的父母是生活非常樸實的大學教授，聽完的第一個反應是：「你肯定是遇上台灣騙子，千萬別去那間公司上班！」他們覺得永大機電的薪資高得離譜，擔心其中可能有詐。後來，這位年輕人還是進入永大機電任職，現在已當到高級經理。每回談起這段往事，依然感覺十分有趣。

3. 土地制度改革

土地使用權的分離與流轉以及土地出讓制度的建立，對於台商在中國大陸的投資活動產生顯著影響。這些改革使土地資源的使用變得更加靈活和市場化，從而為台商在房地產和工業用地的開發，提供極大的便利。

透過購買土地使用權，台商可以合法地獲得土地的長期使用權（工業、商業地五十年、住宅七十年），這為他們在中國大陸擴大生產基地或開發工業地產、商業、住宅房地產項目提供基礎，也為他們帶來新的投資機會，促進其業務的多元化和擴張，筆者認識的許多台商或大陸私企老闆，政府審批能買多少工業地就買多少，完全無懼資金多寡，能向銀行借多少錢就借多少，因為他們認為「城市土地就是黃金」。

土地制度的改革還推動土地市場的活躍和土地資源的高效利用，從而刺激中國大陸經濟的發展。台商可以透過參與土地市場買賣，投資於工業園區、商業地產和住宅開發等多元化領域，進而提高其在中國大陸市場的競爭力和盈利能力。

（四）中國大陸如何接軌世界經濟體系？

本章提到中國大陸在許多環節進行全面的改革，在這一節我們以中國大陸的銀行改革為例，為讀者描述中國大陸如何在封閉多年後與國際經濟接軌，以及外資在其中所扮演的角色。

國有銀行改革始末

一九九七年的亞洲金融風暴，使得中國大陸金融體系承受很大壓力，隨即在隔年爆發了廣東國際信託投資有限公司（簡稱：廣東國投）無法償還一．二億美元外國貸款而宣告破產的案件，這是中國大陸第一個破產的主要金融機構。廣東國投在一九九〇年代是中國大陸最大、最重要的信託公司，也是廣東省的國際借貸窗口。國際信評機構如穆迪與標準普爾，都給予廣東國投發行的債券相當高的信用評等，是大陸金融「國家隊」的鼻祖。因此，當信評良好的廣東國投都發生嚴重違約而破產，使外資對中國大陸的商業銀行體系產生懷疑，甚至認為「中國大陸諸多商業銀行在技術上已經破產」。廣東國投的破產，更使大陸境內數百家信託公司與農村信用合作社的投資嚴重虧損而倒閉，銀行體系已經處在發生系統性危機的邊緣，這樣危急的情形迫使總理朱鎔基不得不認真面對銀行改革問題，廣東國投破產也宣示一個強烈的訊號：政府不再為銀行提供無限的資助，必須自己負責。[9]

在一九九九年中國大陸政府進行銀行改革時，整個銀行體系的壞帳相當嚴重，提升銀行資產品質遂成為銀行改革的第一要務。中國銀行、中國工商銀行、中國建設銀行與中國農業銀行，四大國有商業銀行的不良貸款比例為三九％，也就是說，放貸一百元人民幣中就有三十九元人民幣無法收回，總金額高達三．二八兆元人民幣。這些不良貸款大多源自一九八〇年代末至一九九〇年代初期，銀行系統毫無節制的大量放貸，特別是房地產項目。雖然這個亂象在一九九三年被擔任副總理的朱鎔基遏制，但是整個銀行體系已經背負相當於中國大陸一九八八至一九九三年國內生產總值二〇％的龐大債務。[10]

為了解決銀行龐大的壞帳，由中國建設銀行行長周小川所領導的研究小組提出成立「好銀行／壞銀行」的方案，以改善四大商業銀行的資產負債表。該方案以美國「重組信託公司」(Resolution Trust Cooperation, RTC) 為原型，為每一個大型國有商業銀行成立一個對應的「資產管理公司」(Asset Management Corporation, AMC) 作為「壞銀行」，負責持有從各銀行剝離出來的不良貸款，透過會計上的技巧，商業銀行就可以成為「好銀行」。當不良貸款被重組完畢後，這些資產管理公司將會被關閉，所有的損失也會被減記，這個過程預計需要十年。[11]

為了承接第一階段一．四萬億元人民幣的不良貸款，財政部撥付四百億元人民幣註冊資本金，並持有四家資產管理公司一〇〇％股權；但是四百億元人民幣根本無法打消銀行的不良貸款，於是，由人民銀行向資產管理公司提供六千三百四十億元人民幣的再貸款，四家資產管理公司向對應的四家銀行發行八千五百八十億元人民幣的十年期債券，再由資產管理公司按面值一比一對價收購銀行的不良資產。[12]這次剝離於二〇〇〇年六月結束，被稱為第一批不良資產，是各級政府行政干預和支持國有企業造成的政策性不良資產（見表2.1）。[13]

二〇〇〇年，四大銀行的不良貸款轉移至相應的資產管理公司，第一次剝離不良貸款後，四大商業銀行的不良貸款仍高達約兩兆元人民幣，不良率為二一．三八%，這樣的數值依然偏高，然而國際市場估計四大商業銀行的實際壞帳比應該是三五%至四〇%，中國大陸的金融市場依然是一顆大型未爆彈，隨時都可能引爆。[14]二〇〇四年三月開始，四大資產管理公司不僅向四大銀行，也逐步開始向更多的金融機構如國有銀行、股份制銀行等，開展不良資產的商業化收購。時間來到二〇〇四年和二〇〇五年，中國銀行、中國建設銀行、交通銀行以及中國工商銀行實行股份制改造，再次剝離不良貸款，但這次是按面值五折收購，算是實現市場化和商業化壞帳收購，稱為第二批不良資產。經過第二次大規模剝離，四大銀行的不良率從原先的二一．三八%普遍降到五%左右。[15]

因為制度上存在十年大限，資產管理公司接收不良資產後，就加緊處

表 2.1 1999～2000 年剝離的不良貸款 *

資產管理公司	信達	華融	長城	東方
對應銀行	建設銀行	工商銀行	農業銀行	中國銀行
第一次剝離的不良貸款	2730 億元	4077 億元	3458 億元	2674 億元

* 資料來源：本研究自行整理。

置政策性不良資產，支付發行金融債券和央行再貸款的利息。然而一味求快，卻出現對不良資產定價過低，甚至賤賣不良資產的弊病，偏離了資產回收最大化目標。實際交易上，資產管理公司為防範與私人交易時的道德風險，更傾向於賣給政府，價格自然也壓得更低。這種賤賣國有資產的情形被當時的民眾罵為「崽賣爺田不心疼」的敗家子。

資產管理公司人謀不臧的情況時有所聞，最極端的案例是華融資產管理公司前黨委書記兼董事長賴小民，他從中國銀行業監督管理委員會辦公廳主任轉任華融公司董事長，雖然華融公司在他治理下成為最大的資產管理公司，也在香港順利完成ＩＰＯ，但是他也在二〇一八年被查出收受巨額賄賂、貪污，金額高達一七．八八億元人民幣，被大陸官媒稱為「建國以來金融貪腐第一案」。民間將他稱為「賴二百」：有一百多套房子，以及一百多個情人。賴小民案被中國大陸政府作為反腐敗的宣傳樣板，賴小民也是中國大陸反腐敗行動中，極少數被判處死刑的幹部。[16]

由於二〇〇〇年以後，中國加入ＷＴＯ，製造業、外貿業、金融業、服務業等均蓬勃發展，四大銀行以及資產管理公司的財務情況因而逐步好轉。雖然在二〇〇七年大致上已經處理完四大商業銀行的不良貸款，然而四大資產管理公司並未如期在二〇〇九年解散，就像很多明星嘴上喊著退出演藝圈，身體卻很誠實地留在圈內。二〇一〇年起，財政部啟動資產管理公司財務重組方案，與四大資產管理公司共同設置「共管帳戶」，將銀行持有的債券剝離，並成立基金償還，債券本金不再列入資產管理公司的資產負債表；資產管理公司積欠人民銀行的再貸款也無需再償付利息，資產管理公司成功「洗白」，繼商業銀行之後，開始進行商業化轉型與股份制改革。[17]

中國大陸銀行改革，基本就是一場甩包袱大戲，政府將經濟歷史包袱甩給銀行，銀行再甩給資產管理公司，最後甩給了「共管帳戶」成為政府負債，中國大陸政府獲得了最關鍵的十年時間，避免鉅額的債務一次違約，將金融核算推遲到有能力承受的時候，堪稱金融業史上最漂亮的華麗轉身。

國際大型投資銀行參與中國大陸銀行改革

中國大陸銀行改革，除了借鑑國外的經驗，更重要的是有國際大型投資銀行作為「導師」。中國大陸政府與國際大型投行在金融機構重整的合作，從一九九八年的廣東省開始。當時除了廣東國投之外，另一家直屬廣東省的投資公司，粵海企業（控股）公司，也面臨破產危機，王岐山被任命為廣東省常務副省長以處理金融亂局。王岐山知道以大陸本身的能力與經驗無法妥善處理廣東的問題，於是他透過私人關係聯絡當時的高盛（Goldman Sachs）總裁鮑爾森（Henry M. Paulson, Jr.），希望邀請高盛加入粵海企業的破產重組。除了與王岐山的私人關係之外，高盛曾經參與過一九九〇年代中國大陸電力與石油企業的重組與海外上市，有豐富的金融實務經驗，還有更重要的——與政府打交道的經驗，是當時最佳的選項。經過考慮後，鮑爾森認為，雖然粵海的重組異常艱難，但是與中國大陸政府建立雙向的信任關係更加重要，有助於高盛集團在中國大陸拓展業務，因此雙方合作展開粵海公司的財務重組。粵海公司重組成功也對王岐山的仕途有關鍵的影響，他從廣東被召回，擔任國務院經濟體制改革辦公室主任，進入中國大陸制定經濟改革政策的核心單位。[18]

當一九九八年的剝離銀行不良貸款改革開始時，高盛的銀行家們也定期前往北京，跟中國大陸的政府與銀行領導開會分享經驗，高盛方面由曾擔任紐約聯邦儲備銀行總裁的全球協商與管理委員會聯合主席柯瑞根（Edward Gerald Corrigan）領頭，大陸方面則是由當時的建設銀行行長周小川帶隊。在高盛團隊協助下，雙方研究了瑞典的壞帳重整、東歐的銀行重組，以及美國的資產重組信託公司案例。[19]

高盛集團真正發揮影響力的是國有銀行的股權改革。中國大陸政府選定了中國銀行香港分行進行股權改革「一行兩制」試點，在一個控股母公司下，創立兩個分離的法人實體，一個在中國大陸，一個在香港；清理在香港公司的壞帳，並透過在公開市場上市募集資本（Initial Public Offerings, IPO），把所有權從國家轉變為多個股東。在高盛與中國大陸政府的合作下，中國銀行（香港）在二〇〇二年七月完成募資，募集二十八億美元，是香港市場上金額最高的單一上市ＩＰＯ，由高盛與瑞士銀行主要承擔ＩＰＯ業務，並引進渣打銀行作為戰略投資人，成為國有銀行股權改革範例。[20]中國銀行（香港）的市淨率（Price to Book Ratio, P/B Ratio）達到一．六倍，與香港其他國際銀行不分上下，而作為主要承銷商的高盛也獲得可觀的報酬，以及中國交通銀行ＩＰＯ的承銷業務。[21]

中國銀行（香港）ＩＰＯ的成功，改變了國際投資銀行與中國大陸銀行的合作方式，國有銀行從人人嫌棄成為各方爭搶的香餑餑，各大投資銀行用盡一切手段，極力爭取成為國有銀行上市的承銷商。高盛首先拿下兩個ＩＰＯ案，並且還想洽談中國工商銀行的ＩＰＯ案，自然成為其他銀行業的攻擊對象。據鮑爾森回憶，競爭者批評高盛有利益衝突的道德風險，並且聘用太子黨作為說客以影響官方決定，更在中國大陸的媒體上，以「賤賣國有資產」的聳動標題抨擊高盛與中國工商銀行的合作。在壓力下，高盛失去了中國工商銀行ＩＰＯ的承銷權，但是高盛仍然參與三家銀行ＩＰＯ的承銷，是真正

表 2.2 中國大陸國有銀行香港公開上市承銷商 *

銀行	H 股上市承銷商
中國農業銀行	中金公司、摩根士丹利、高盛集團、摩根大通、德意志銀行、麥格里、農銀國際
中國工商銀行	美林公司、德意志銀行、瑞士信貸集團、中金公司、工商東亞融資
中國銀行	中銀國際、高盛集團、瑞士銀行
中國建設銀行	中金公司、摩根士丹利、瑞士信貸集團、建銀國際
中國交通銀行	高盛集團、匯豐銀行

* 資料來源：本研究自行整理。

的贏家（見表2.2）。[22]

中國大陸政府也在國有銀行股權重組上市的過程中，學習國際金融業的遊戲規則。在每一個ＩＰＯ案中，都有一家本土企業參與。除了上市銀行的子公司之外，中金公司（CICC，中國大陸政府主導的投資銀行）是另一個重要的參與者，中金公司參與三個銀行ＩＰＯ案，並在兩個ＩＰＯ案中作為首席承銷商。[23]透過高盛與中國大陸政府的互動，我們可以看到中國大陸金融體系改革如何做到與國際接軌，學習國際經驗並建立自己的規範。美國雖然想讓中國大陸遵照國際規則（play our game），然而我們看到的結果是中國大陸以自己的規則玩遊戲（play your game with our rules）。

二、第一波台商西進淘金潮

（一）中國大陸成為台灣企業投資重點

在一九八〇年代，中國大陸政府開始將吸引投資的焦點轉向台灣企業。一九八一年，全國人大常務委員會委員長葉劍英提出了針對海峽兩岸統一的「葉九條」，這是大陸政府首次提出兩岸「三通」（通商、通航、通郵）的概念，旨在建立兩岸的經濟聯繫。[24]到了一九八八年，北京當局進一步通過了《國務院關於鼓勵台灣同胞投資的規定》，為台商提供了所有外資中最優惠的待遇，這不僅提升了台商相對於其他外資的競爭優勢，也讓他們在對比中國大陸國內企業時更具有優勢。因此，對於有意發展地方經濟的官員來說，台商成為優先吸引的對象。相較於中國大陸的熱情，台商初期相當謹慎，只有少數企業經由菲律賓等第三地前往投資，大多數企業則遵守台灣政府的「三不政策」，並未前往大陸投資設廠。

在一九九〇年代，台商投資中國大陸的熱潮升溫。此一熱潮的催化劑，源於台灣政府在一九九〇年頒布的《對大陸地區間接投資或技術合作管理辦法》，這一政策的公布，為台商提供合法進入中國大陸市場的背書。[25]尤其是在台灣受到匯率、工資上漲等因素困擾的中小型勞力密集出口加工業者，成為這一波投資潮的主力。以經濟部的數據，一九九一年的投資金額就達到十七．四億美元，投資件數一百七十四件。而在一九九三年辜振甫與汪道涵代表兩岸政府在新加坡會談後，台灣政府進一步放寬對中國大陸的投資規定，大型企業集團也開始加入投資中國大陸的行列，當年的投資金額高達二十二．二八億美元，投資件數也達到八千零六十七件。[26]台商在大陸投資的項目，在一九九五年之前以食品及飲料製造業、紡織成衣業與金屬及其製品業為主，占投資總數的九〇%以上。一九九五年之後，台商對大陸投資產業發生明顯的變化，電腦、電子產品及光學製品製造業；電子零組件製造業及化學業取代食品飲料製造業、紡織成衣業及塑膠製品製造業，成為台商赴中國大陸投資最多的前五大產業。其中，電腦、電子產品及光學製品製造業與電子零組件製造業，躍居台商對大陸投資最多的前兩大產業。[27]

從地域分布來看，台商早期投資主要集中在最早開放的廣東和福建等地區。在一九八〇年代，這兩省的台商投資金額占該時期台商在大陸總投資的近七〇%，而其餘三〇%分布在北京、上海、山東、江蘇、浙江和遼寧等地。然而，進入一九九〇年代，福建省在台商投資中的比重顯著下降，特別是在二〇〇〇年，當台商對大陸的投資達到新高潮時，對福建省的投資比例降至歷史最低點，僅為三．八%，這也可能與在一九九九年爆出的遠華案有關，此走私大案影響整個廈門市乃至福建省的投資，當初由朱鎔基總理親自督辦，辦案時間之長、規模之大，案件涉及面之廣，六百多人涉案、三百多人被追究刑責。相比之下，珠江三角洲地區在這段時間內成為台商投資增長最快的區域。整個一九九〇年代，廣東省一直是台商投資的重點區域。但進入二〇〇〇年後，廣東省的台商投資呈現出顯著下降的趨勢。與此同時，隨著長江三角洲地區的迅速發展，該區域的地理優勢逐漸凸顯，使得江蘇省以絕對的優勢成為台商在大陸投資最多的地方（見表2.3）。[28]

一九九〇年代，台商在大陸的大規模投資對台灣產生多方面影響。首先，這促成台灣經濟結構的重大轉型，從勞動密集型製造業轉向技術密集型和服務導向型產業，特別是在紡織和電子組裝等領域。這一過程中，由於台灣面臨著產業升級的壓力，高科技產業如半導體和精密機械製造業迅速發展。同時，勞力密集產業對大陸的依賴程度顯著增加，尤其在出口市場和原料供應方面，使得台灣更容易受大陸經

表 2.3 台商歷年投資的區域分布（1992 ～ 2022）

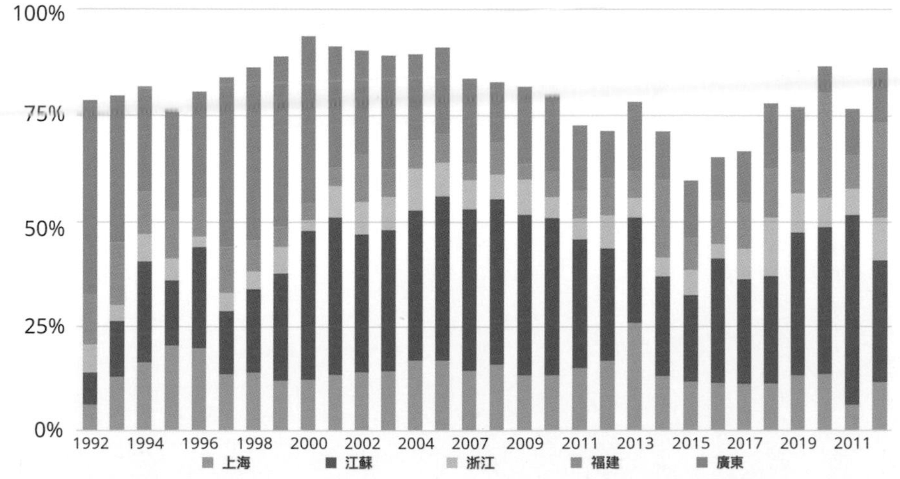

資料來源：大陸台商經貿網，https://www.chinabiz.org.tw/Invstat/，網站缺少 2006 年的資料。

濟波動影響。此外，台商的投資加深兩岸經濟互依性，增加台灣在處理與大陸政治關係時的複雜性。最後，技術和知識的轉移幫助大陸經濟的現代化，但同時也對台灣的技術優勢提出了挑戰。總體而言，這些投資不僅對台灣的經濟發展造成影響，也對其社會、政治和國際關係產生深遠的後果，直至今日。

(二) 台商聚落遍地開花

台商在大陸投資初期多是從事出口行業，「三來一補」的來料加工由於接近台灣製造業廠商最擅長的OEM全球代工模式，來料加工合約就成為早期台商普遍選擇進入中國大陸市場的方式。其他兩種投資模式為來件與來樣加工，雖然同樣都是賺取加工費，但是來件與來樣加工，外商帶來的產品為半成品與設計樣品。來料加工模式則是由台商企業依國外買主訂單的需求，進口原物料加工生產，賺取加工費，產品一旦製造完成，便直接運往世界各地銷售。另外，鄉鎮一級地方政府即有權力批准來料加工的合約，故此一模式相當受台商青睞。為了方便產品出口，台商初期投資設廠多優先考慮沿海省分，再加上中國大陸政府對外資的優惠政策多向東南沿海地區傾斜，造成台商投資集中在東部沿海省分。廣東省、福建省、浙江省、江蘇省以及上海市，長期是台商投資的前五名，在二〇〇五年之前，這五個省市平均占台商投資總額的八五．七%（見表2.3）。

在一九九〇年代，廣東省開始成為台商投資的重點地區，特別是在一九九一年，當年台商在該省的投資占總投資額近半，達四五．九%。廣東省吸引大量來自台灣的服裝、鞋類、玩具、箱包，以及電子產品等日常用品製造企業。這些台商投資促成數個台商聚集區的形成，如深圳、東莞、順德、佛山。其中，東莞由一個普通農村，迅速轉型為擁有三千兩百家台資企業的主要聚集地，並迅速成為南方的經濟明星城市，是一個典型由台商投資所帶動的城市。到了一九九九年，東莞的出口總額在全中國大陸排名第三，僅次於上海和深圳。東莞的崛起不僅得益於其便利的交通，還因為低成本的勞動力和土地，以及長期形成的台商產業鏈和人脈網絡。有台商就表示，東莞已經具備完整的產業鏈，一般廠商要四個月才能交單，但是台資企業只要十五天就能完成，顯示台資企業的群聚效應對提升生產效率的巨大影響。[29]研究指出，台資企業協助創造出口導向發展的「廣東模式」，是中國大陸經濟發展的模板，其他的蘇州或是崑山，都只是移植「廣東模式」的變形版本。[30]

從二〇〇一年起，江蘇省超越廣東省，成為台商投資的首選地區，其投資高峰時占江蘇省總投資額的四四．八%。在江蘇省，尤其是蘇州地區，台資企業主要聚焦於電子產業，許多台灣電子行業的上市公司，如明碁、華碩、仁寶、鴻海、華宇、台達電、楠梓電、大同、國巨、力捷、誠洲、全友、敬鵬、源興、凌陽和旺宏等，均在此設立了工廠。[31]二〇〇〇年後，台商電子業中的筆記型電腦代工巨頭仁寶、資通、鴻海進駐崑山，將崑山打造為筆記型電腦的重要生產基地。[32]江蘇成為台商投資熱點的原因有多方面：首先，其地理位置靠近上海，為銷售和未來發展提供了便利；其次，由新加坡投資的中國——新加坡蘇州工業園區的成功示範發揮了積極的帶動作用；再者，蘇州新區和崑山的高科技產業聚落形成，加之當地豐富的人力資源和政府的高效行事；最後，江浙的地方風俗很多與台灣相似，便於台商快速適應當地的生活和商業環境。[33]

上海，作為中國大陸的主要商業樞紐，長期以來一直是台商青睞的投資目的地，其在台商總投資中的比例，保持在相對穩定的一四．一%左右。台商在上海的投資範圍廣泛，從製造業到服務業皆有涉獵。特別是在電子、化工、機械製造等行業，台商投資尤為突出，並涵蓋了房地產、零售和金融服務等多元行業。隨著上海經濟的迅猛發展及市場潛力的逐步擴大，台商在該市的投資規模也持續增長，尤其是隨著北京中央的重點項目：浦東新區的開發，上海成為更具吸引力的投資地，吸引了更多台資企業的關注和投入。

福建省因與台灣有著深厚的文化聯繫和地理鄰近性，自然成為台商早期投資的重要地區。在一九九五年之前，福建省是僅次於廣東省的台商主要投資目的地，而且台商投資對於當地經濟來說至關重要，是福建最大的外資來源。台商在福建的投資集中在廈門、泉州和漳州等地區，主要是勞動力密集型產業，如紡織業、鞋業、五金加工、塑膠製品製造以及電子零件加工等。

這些行業的選擇反映了台商對當地勞動力市場和產業基礎的利用。福建省的勞動力成本相對較低，加之與台灣的文化、語言、生活習慣最相近，使得台商更容易管理和營運當地企業。

浙江是台商投資的前五名，台商在浙江的投資覆蓋多個行業，包括紡織、服裝、鞋類製造、家電、電子、塑膠製品等傳統製造業，以及新興的科技和服務業。浙江靠近上海，具有獨特的地理位置和良好的港口條件，這對於台商來說，意味著便利的物流、交通和較低的運輸成本，尤其對於以出口為導向的企業來說，尤為重要。事實上，蔣介石政權移轉至台灣時，很多軍人、政府官員及其家眷是江浙人，這也可能促成浙江、江蘇作為台商來大陸投資的首要選擇。所以廣東、江蘇、上海、福建、浙江是台商投資的主要省市。

（三）台商為何投資中國大陸

台商對中國大陸的投資動機可以從兩個層面深入理解：一是基於實際的經濟考量，二是源於文化和情感的連結。

從經濟角度分析，台商投資中國大陸的主要驅動力，包括以下三個關鍵因素：

1.成本優勢的勞動力

中國大陸擁有廣闊的勞動力市場，提供相比其他國家更為經濟實惠的勞動力。這一優勢對於勞動密集型產業來說尤其關鍵，如製鞋業、紡織業等。台商能夠利用這一優勢，大幅降低生產成本，提高競爭力。

2.龐大的市場規模

中國大陸的經濟快速增長帶來巨大的內需市場。消費人群的增加和消費能力的提升為台商提供廣闊的商機。特別是在消費品、電子產品、高科技等領域，台商可以利用中國大陸龐大的市場規模和持續增長的消費需求，來擴大業務和增加收益。

3.優惠的政策

中國大陸政府對台資的吸引政策，包括「兩免三減半」等稅收、土地租金優惠、低廉土地使用權，以及高額的出口退稅等政策，也為台商提供額外的經濟誘因，尤其各地方台辦親力親為、為台商服務解決投資乃至生活上的疑難問題等。這些政策不僅降低了進入市場的門檻，也為台商在中國大陸的外貿業務提供支持和便利。

在情感層次上，台商對中國大陸的投資受到以下因素的影響：

1. 文化和語言的親和性

台灣和中國大陸在文化和語言上有共通點，這使得台商在大陸的商業活動更加順利。共用的語言和文化、生活習慣有助於加強商業合作和人際關係的建立。這種文化親和性為台商提供一個較為熟悉且容易適應的營商環境。筆者回憶：剛到上海時，發現學校的編制（校長、教務長、教委）、行政區域的編制（市、區、鎮、鄉、村）、黨的編制（黨委、黨組織），一切彷彿回到六〇至七〇年代的台灣。

2. 深層次的家族和歷史情感

許多來自台灣的外省籍企業家及其家族具有與中國大陸深厚的歷史和情感聯繫，也有些台商，他們的祖先也許是五代或六代前由大陸移民至台灣拓荒發展的冒險者。這些企業家通常將投資大陸視為一種文化和情感上的歸屬感，尤其是那些家族歷史可以追溯到大陸的台商。對於他們來說，投資大陸不僅是商業行為，更是一種尋根和保持文化連結的方式。例如有台商就表示自己祖籍廣東，選擇投資廣東而非馬來西亞，就是帶著「同鄉同族色彩」，投資大陸雖然有風險，但是落葉歸根卻是一種身分認同。[34]

總體而言，台商在中國大陸的投資決策，融合商業邏輯與文化情感的雙重考量。一方面，這反映台商對於市場動態的靈敏洞察和對成本效益的重視；另一方面，它也體現台灣與大陸之間深刻的文化聯繫、情感聯結、宗族認同（patriarchal clan identity）等等。這種基於多重動機的策略，不僅加大加深台商在中國大陸的經濟活動和業務拓展，也為兩岸的經濟互動和文化交融奠定基礎。

中國大陸政府在吸引台商這種策略的成功，在於它使台商能夠在大陸市場中快速適應並把握商機，同時透過與當地文化和人民的融合，建立深厚的商業關係與信任。因此，台商在中國大陸的投資不僅是尋求經濟利益的途徑，也是兩岸關係和文化交流的重要橋梁，不得不說北京中央政府在一九九〇年代至二〇一九年對台商的招商引資戰略無疑是成功的。

三、變局：中國大陸加入WTO

（一）規模最大的單一市場向全世界開放

二〇〇一年十一月十日，一個具有里程碑意義的時刻在世界貿易組織（WTO）的第四屆部長級會議上發生。會議主席、身著傳統白袍的卡達財政、經濟和貿易大臣卡邁勒，用手中的木槌敲下具有歷史性的一擊。隨著槌聲落下，會場內爆發出熱烈的掌聲。這一槌，象徵著中國大陸正式成為世界貿易組織的一員。

這一天標誌著中國大陸與全球貿易體系深度融合的新開端，也是中國大陸對外開放和經濟全球化進程中的一個關鍵里程碑。加入WTO後，中國大陸承諾進一步開放市場，降低貿易壁壘，這不僅帶來更多的外資和先進技術，也為全球企業進入龐大的中國大陸市場打開了大門。此外，這一舉措也加速中國大陸經濟的現代化進程，修改大量的不合乎市場經濟的法規，促進產業結構的優化升級，例如：取消過去壟斷外貿活動的國營貿易公司，也引進了外資銀行、外資保險業、採取較為開放的市場競爭模式等等。[35]

中國大陸正式成為世界貿易組織的一員，作為世界上人口最多的國家，中國大陸的加入不僅為國際貿易體系帶來最龐大的單一市場，對全球經濟發展的影響，在此後的二十年中產生了翻天覆地的變化。

中國大陸市場的廣泛開放，為世界各地企業提供進入其廣闊市場的機會，這不僅助推全球商品與服務的跨境交易，也加快了全球經濟一體化的步伐。這一開放促使全球貿易量顯著增加，在二十年內全球貨物貿易量增加一倍，而中國大陸的貿易平均年增率高達一三%，是同時期世界平均值的兩倍。[36]

同時，中國大陸迅速崛起為全球製造業的關鍵樞紐，吸引大量跨國公司將生產基地遷至中國大陸，以利用其低成本勞動力與土地和高效的生產能力。這種轉移不僅促進中國大陸在全球製造業中的地位，也促成全球供應鏈結構的重大調整。中國大陸逐漸轉型為許多重要產品的全球生產和出口中心，在二〇〇九年成為世界第一大出口國，對全球產業鏈配置產生巨大影響。

中國大陸強大的生產能力對全球商品價格產生顯著影響，尤其在製造業領域。這一變化也為全球消費者帶來明顯利益。由於中國大陸大規模生產，降低許多商品的成本，全球市場上的商品價格普遍下降，從而使消費者能以更低的價格獲得更多產品選擇。這種價格下降不僅刺激消費，也增加消費者的購買力。

中國大陸的經濟成長模式也經歷顯著變化，使其成為全球經濟成長的主要動力之一。特別是在二〇〇八年全球金融危機之後，中國大陸的經濟影響力變得尤為關鍵。面對全球經濟大衰退的挑戰，當美國深陷雷曼金融危機，時任美國財政部部長鮑爾森（Henry M. Paulson, Jr.）訪問中國大陸，尋求合作以穩定全球金融危機。當初的中國國務院總理溫家寶出手人民幣四萬億元財政支出，將全球第二大經濟體中國大陸穩住向上發展，成為全球商業復甦的主要貢獻者。中國大陸不僅透過其龐大的內需市場，為全球產品提供胃納，還透過財政手段大力投資基礎設施建設和國內公共領域，推動經濟活動和全球需求的成長。

中國大陸的強大生產力，對許多國家的本土產業造成了顯著的競爭壓力，尤其是在製造業領域。中國大陸的高效率生產和低成本產品，在全球市場上具有強大的競爭力，這迫使其他國家的企業不得不尋求產業升級、技術創新和結構調整，以保持其在國際市場上的競爭地位。

中國大陸加入ＷＴＯ並快速成長為全球經濟重要成員，這不僅促進其經濟實力的增長，也顯著提升其在國際政治格局中的地位和影響力，在全球事務中的角色愈來愈活躍，無論是在多邊貿易協定、地區經濟合作，還是在全球治理和發展議程上，中國大陸的參與和影響都在增加。這一變化不僅改變傳統的國際政治經濟格局，也意味著全球經濟和政治決策過程中，新興經濟體的聲音和權重日益增強，例如後來的金磚四國（ＢＲＩＣ）。

（二）外資大舉進入，中國大陸既是製造基地也是內需大市場

從二〇〇〇年到二〇二〇年，中國大陸經歷顯著的經濟變革與開放，成為全球投資者關注的焦點。在這一時期，隨著加入世界貿易組織（WTO），中國大陸成功吸引大量的外資直接投資（FDI）。這一階段中國大陸對外資的限制逐漸放鬆，且服務業金融業也逐步開放，政府積極推出多項政策和措施，以促進外國投資。

在這個過程中，製造業、服務業和高科技產業成為外資投資的熱門領域。例如，二〇〇一年，中國大陸的外資直接投資達到四六八．八億美元。到了二〇〇八年北京奧運會期間，這一數字翻了近兩倍，達到九二四億美元。即使在二〇〇八年全球金融危機期間，中國大陸仍成功吸引高達九〇〇億美元的外資，顯示出投資者對其經濟潛力的信心。到二〇二一年，中國大陸的外資直接投資數量已經躍升至一七三四．八億美元，是二〇〇一年的三．七倍（見表2.4）。

這一顯著成長反映中國大陸在全球經濟中的地位日益重要，並展現其作為一個具有巨大內需市場和豐富勞動力資源的頂級投資標的。

中國大陸在全球經濟中扮演著雙重關鍵角色：一方面作為世界的主要製造中心，另一方面則是一個擁有廣闊內需市場的巨大經濟體。這兩個特性共同構成全球經濟成長的主要驅動力之一。

1.全球製造基地的地位

中國大陸的製造業實力和出口能力，在全球範圍內具有顯著影響力，這主要得益於以下三個方面的發展。

生產規模與效率：中國大陸擁有世界上最大規模的勞動力市場，加上其日益成熟的產業基礎，使得中國大陸成為許多全球商品的主要製造國。中國大陸的製造業不僅僅侷限於傳統的勞動密集型產品，還包括高端的高科技產品，覆蓋了從消費電子到機械設備等各個領域。據筆者回憶，當初幾乎跑遍全大陸去賣電梯，有的工廠園區如同造鎮計畫，一本合約購買一百二十台電梯，規模之大，這是在全球其他各地都無法想像的。筆者曾拜訪達功電腦（廣達電腦）、中芯半導體、富士康、寶成集團，每一個生產基地的規模都讓人目瞪口呆，例如員工餐廳早晨的荷包蛋是用流水線與自動機器人煎的；又

表 2.4　中國大陸外資直接投資金額（2000 ～ 2021）

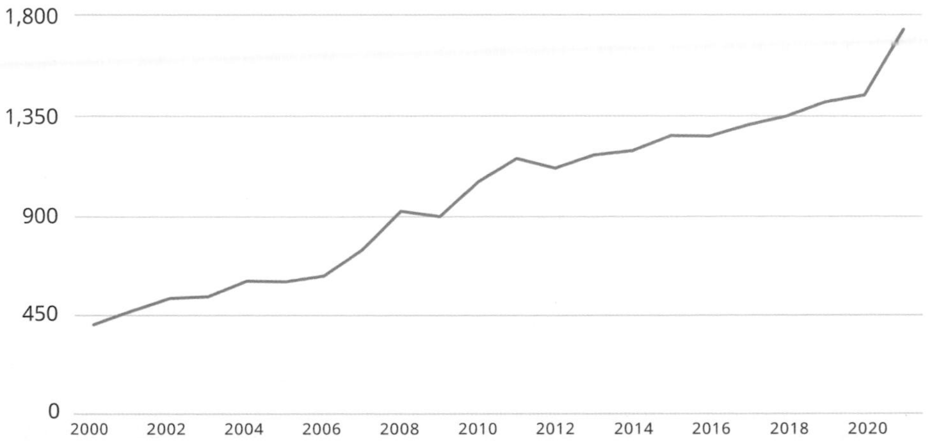

資料來源：中國大陸商務部網站，http://data.mofcom.gov.cn/lywz/inmr.shtml。

或是電子版插件與檢查的生產線上，可以看到一望無際的廠房中幾千人與自動機器在那整齊劃一的行動，如電影般夢幻。夢幻一廠是為 DELL 電腦組裝、夢幻二廠是為蘋果組裝，夢幻三廠是為 ASUS 組裝等，這種過去電影才看得到的製造能力，結合效率持續提升，使中國大陸在全球製造業中占據了舉足輕重的地位。根據世界銀行的數據，中國大陸製造業增加值從二〇〇〇年的約一．〇三萬億美元增長到二〇二二年的六．五萬億美元，上升了六．五倍！[37]

出口大國：中國大陸是世界上最大的出口國之一，其製造品遠銷全球各地，成為全球供應鏈的核心組成部分。從紡織品、服裝到電子產品和機械設備甚至食品，中國大陸的出口產品涵蓋廣泛的範疇，滿足了全球市場的多元需求。

政府的積極政策支持：中國大陸政府長期以來一直致力於推動製造業的升級和技術創新。政府透過各種政策，如稅收優惠、科研資金支持和產業園區建設，高新科技免稅來激勵企業進行技術創新和產品升級。這些政策有助於提升中國大陸製造業的整體競爭力，使其在全球製造業市場中保持領先地位。

2. 龐大內需市場

中國大陸作為全球人口最多的國家，其龐大的消費市場具有不可忽視的經濟價值，這主要體現在以下三個方面。

消費者基數：中國大陸的經濟持續增長，使得廣大中產階級迅速膨脹，這不僅增強整體消費能力，也推動消費結構升級。消費者從基本需求的滿足轉向更加重視品質和品牌，這在各類商品和服務，特別是健康、教育、休閒娛樂等領域表現尤為明顯，據中國大陸國家統計局數據，二〇二二年中國大陸的社會消費品零售總額達到四三・九萬億元人民幣，是二〇〇一年的一二・八倍，可見中國大陸在加入世貿組織後，居民消費能力以及內需市場有了飛躍性的提升。[38]例如：電梯市場，全球二〇〇一年新梯安裝二八・九萬台、中國大陸四・二萬台（占比一四・五%），二〇一九年新梯全球需求是九一萬台、中國大陸五七・五萬台（占比六三%）；中國大陸在二〇〇〇年的電梯生產量三・八萬台、城鎮化（urbanization）率三六・二%，到了二〇二〇年電梯生產量九〇萬台、城鎮化率六四%。中國大陸境內奢侈品消費額，二〇一一年七二八億元人民幣，二〇二一年六四四一億元人民幣，十年成長了七八五%，驚人的成長在在說明內需市場的龐大。（見一二六頁至一二七頁圖表）

市場的廣泛多樣性：中國大陸內需市場的多樣性，涵蓋從日常必需品到高端奢侈品的範圍，並且包括從傳統零售到先進的電子商務平台。這種多樣化不僅提供廣泛的消費選擇，也促進新的商業模式和創新技術的發展，如移動支付和網絡、高速公路、航空機場、電腦光纖與消費購物場。據筆者回憶，公司的司機曾提過：商場販賣的一個盒飯（便當）從七元、二十元、五十元、到八十元等高中低價格都有，各種檔次一應俱全，令人嘖嘖稱奇。

積極的支持消費政策：為了進一步刺激國內消費，中國大陸政府實施一系列政策措施。這些政策包括提高居民收入，改善社會福利和保障制度，以及促進消費相關的基礎設施建設，如物流和零售網絡的完善。這些措施旨在增強大陸國內市場的吸引力，並確保消費增長能夠持續推動經濟發展。

總結來看，二〇〇〇年至二〇二〇年，中國大陸從製造的規模與成本優勢，供應鏈的完整性，完備的機場、碼頭、公路、鐵路、電腦網絡等基礎設施，製造技術低、中、高端的多樣性，研發的學習能力，再加上經濟發展與人口數量形成的全球第二大內需市場，造就人類有史以來最具有優勢的全球製造基地，台商攜帶著台灣資本，在這個基地與市場成就了非常輝煌的資本（capitalism）詩篇。

表 2.5　中國電梯年訂單量與中國城鎮率（1980～2020）

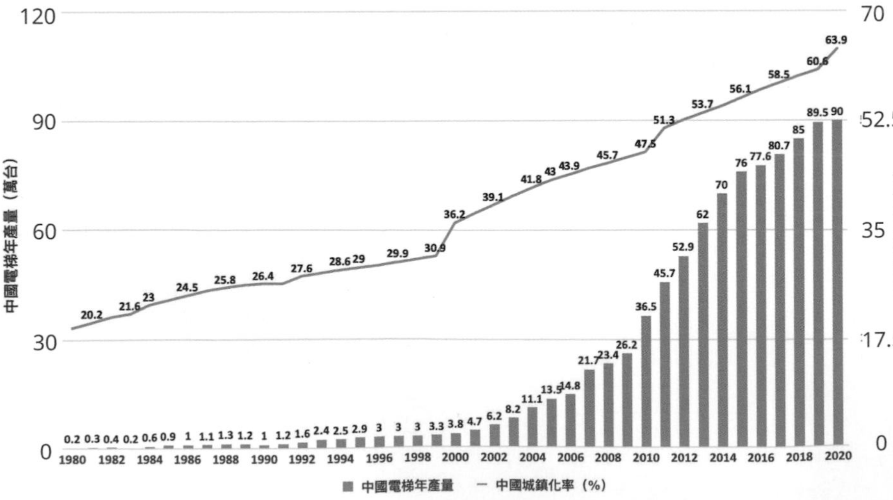

資料來源：中國電梯年產量：中國電梯協會統計小組；中國城鎮化率：國家統計局。

表 2.6 中國與全球電梯年度新安裝台數（2001 ～ 2019）

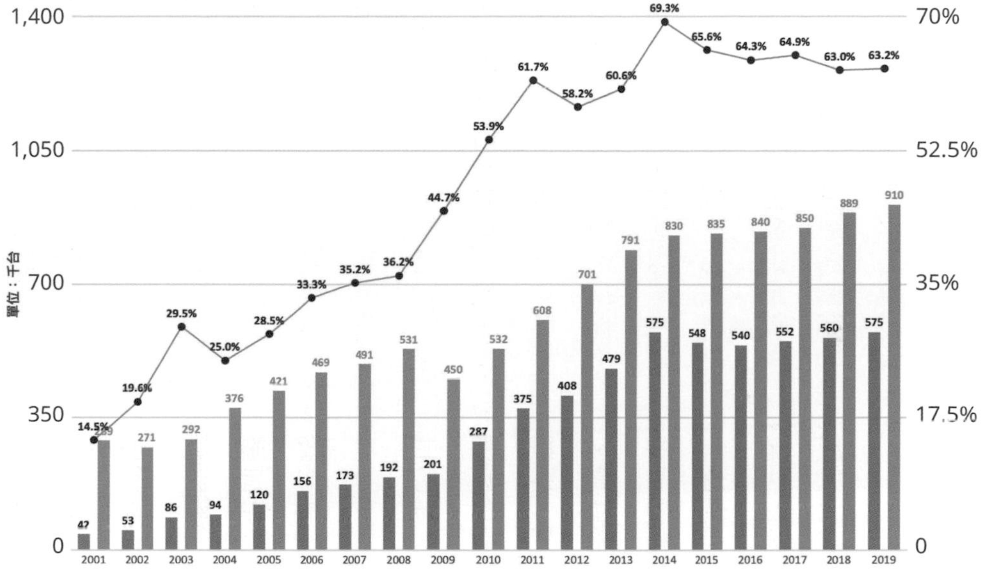

資料來源：Morgan Stanley Research estimates

表 2.7　2011 ～ 2022 年中國人境內奢侈品消費額及增長率

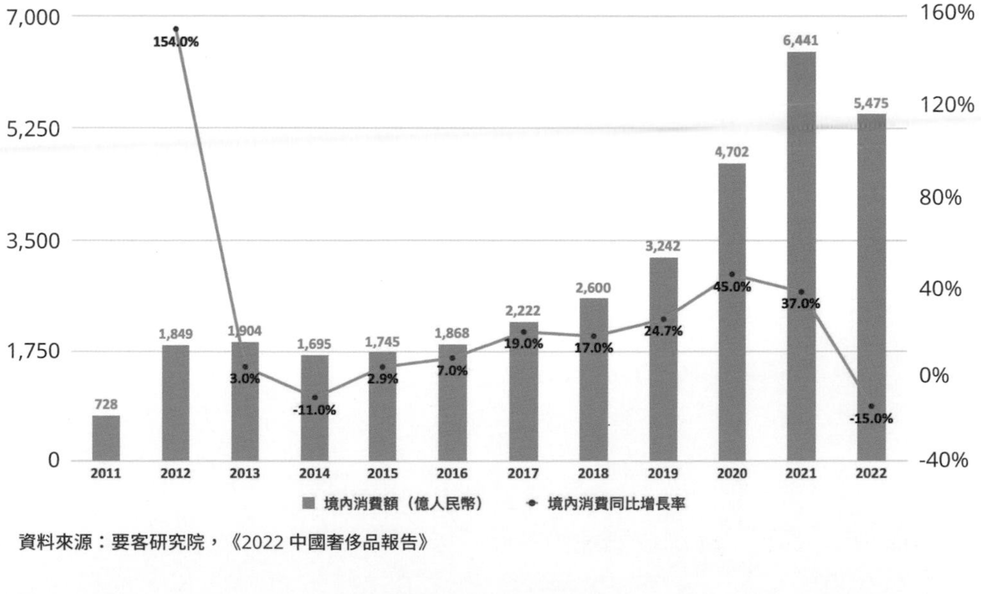

資料來源：要客研究院，《2022 中國奢侈品報告》

四、把握變局的台商

（一）台商以中國大陸為舞台，成就世界級企業

根據美國學者任雪麗（Shelley Rigger）的研究，台資企業初期在中國大陸發展有其獨特的商業模式，其一大特點是建立封閉式的商業網絡。這種模式有效地促進大陸產品透過台商網絡進入全球製造鏈，同時對大陸的本土廠商形成某種排斥。在這種模式下，中國大陸的個別公民被納入網絡擔任高級管理角色，他們在學習台商的經營策略後，要麼自立門戶，要麼將這些商業知識帶回本土企業，從而推動台商商業模式在大陸廣泛傳播。[39]

另一特點是台資企業採用的群聚模式。這種模式下，台商傾向於在港口城市或經濟特區成群結隊地設立廠房，以追求較高的安全感和更為便利的供應鏈環境，當然當時工廠也奉行豐田汽車的「Just in time」零庫存生產觀念，所以大廠帶著供應鏈小廠，互相在供應鏈圈唇齒相依。地方政府通常也鼓勵這種群聚方式，因為這樣能一次性吸引完整的供應鏈到當地投資。提高產值與地方的ＧＤＰ，而二〇〇〇年至二〇一六年中國大陸的地方政府，ＧＤＰ是官員考核的主要指標（ＫＰＩ），在這種群聚模式中，台商並非相互競爭，而是各自專注於製造過程中的特定

環節，透過合作來提高整體產出效率。這種模式被證明能夠提高產能、擴大經濟規模，並促進專業分工的最大化和運輸成本的最小化，從而促進整體企業創新和提升競爭力。[40]

台商在中國大陸的成功布局和發展主要體現在兩個方面。首先，他們善用中國大陸龐大的市場需求，促進企業的持續成長，並成功打造出一批規模龐大的企業，這些企業不僅在大陸市場占據重要地位，甚至在全球範圍內也具有顯著影響力。例如，頂新集團、旺旺集團、統一集團等在食品製造業的發展，以及巨大集團在自行車製造領域的成就，都是台商利用大陸市場機遇實現的成功範例。

另一方面，台商利用中國大陸在人力和土地成本上的優勢，打造國際級的代工企業。這些企業透過高效的生產力和低成本營運，成為全球知名品牌的重要供應商。鴻海集團、廣達電腦、華碩電腦等等在電子製造業的地位和寶成集團在製鞋業的成就，都充分展示台商利用大陸生產優勢的卓越能力。

這兩類成功案例不僅彰顯台商在把握市場機遇、運用製造成本優勢方面的商業智慧，也體現一九六〇年代至一九八〇年代、台商在台灣加工出口的嫻熟技術與工廠管理手法。

（二）辛苦誰人知？台商在中國大陸市場的經驗

一九九〇年後，台商雖然在大陸外貿取得巨大的成功，但是進入大陸內需市場的過程充滿挑戰。據筆者回憶進入大陸市場的經驗，可揭示進軍大陸市場的諸多困難。首先是台灣許多企業品牌知名度不足（台灣市場太小或沒有國際化），銷售不易。上海永大電梯以自有品牌在大陸銷售，由於中國大陸開發商傾向於國際知名品牌，他們不太願意購買沒有國際知名品牌的產品。一九九三年進軍大陸，一直到一九九五年，實在推廣不開，當初老闆志向遠大、想以台灣立足品牌在神州插旗成功，奈何理想很豐滿、現實很骨感，他們不得不轉而與日立合作，以聯合品牌（永大日立）進行銷售。

其次，中國大陸政府在市場運作中，傾向於優先支持本土企業。例如大陸政府為了舉辦二〇〇八年奧運，在北京大興土木，光電梯就有數千台的數量要招標。上海永大公司當時已經是大陸電梯市占率前十名，但是前往投標卻鍛羽而歸。甚至在投標前就有人暗示他們不要白費力氣，因為所有的項目都分配完全了。開標後，果然大陸政府優先照顧自家與外資合作的國企（上海三菱），再來才是分給各國際大廠，台商只分到微不足道的零頭。

地方政府官員的尋租行為也為台商帶來額外的挑戰。大陸二、三線城市電梯市場有個奇特的現象，電梯的保養維修大約有六成都由當地有地緣草根關係的代理商承包，而不是母廠。這些代理商通常與當地官員有千絲萬縷的關係，這有時成為官員尋租的一個中介，當然二、三線城市由於所得偏低、母廠保養價格高，所以找小廠商維修能降低成本也是可能的，有些小廠怕國際大集團公司去北京告狀，也不敢亂搶外資母廠的保修訂單，於是就把目標對準台商跟其他本土廠商。特殊的是，這種不規範的情形不見於第一線的大城市如北京、上海，愈不發達的城市，不規範愈嚴重。這種情況使得台商在競爭中處於不利地位，往往不得不面對被邊緣化的局面。

地方官員尋租嚴重到什麼程度？據筆者回憶，公司曾經要到某個城市投標時，員工建議我們與地方監管單位合作，因為該員工有親戚在監管單位任職，筆者知道當地的規則是要有關係才能夠拿到項目。另一個驚險的事件是，上海永大曾經差點捲入地方政府弊案，該案驚動中央紀委調查，甚至中央紀委的調查人員都到辦公室調閱資料，財務副總緊張得手都發抖，筆者在當時回憶，應該沒有這類合約，不必驚慌。事後查明上海永大的出貨價符合市場價格，是地方代理商與官員串連舞弊，這案件後來登上報紙與新聞，抓了很多人。這件事顯示，在面臨不正常高額利潤誘惑時，台商或外資必須要衡量其中的風險與利弊得失。

總的來說，台商在中國大陸市場的成功並非易事，那個年代流行一句話：「有關係就沒關係，沒關係就有關係」，或是官員會說：「提這個項目研究研究（菸酒、菸酒）」，就是表達要充分在地化、了解地方習慣與辦事方法。他們需要克服品牌知名度不足、市場保護主義、地方政府的不公平行為等多重挑戰。這些經驗不僅考驗著台商的商業智慧和應變能力，也是他們在中

另一項重要策略是兩岸產業互補，即由中國大陸負責生產，台灣則負責接單和銷售，並將在台灣生產的零組件運送至中國大陸進行組裝。

到了一九九八年，鴻海在中國大陸的業務已迅速擴張至六千名員工，並在深圳和上海均設有工廠，總計達兩百公畝的廠房面積。時至今日，鴻海在中國大陸已有七十七萬名員工，並建立七大工業園區，這些園區的建設過程，正代表鴻海在中國大陸發展歷程的重要里程碑。這些園區分別位於深圳龍華（起始地）、山西太原、山東煙台、湖北武漢、四川重慶、河南鄭州和四川成都，成就鴻海在世界電子代工產業中的霸主地位。

像許多台商一樣，郭台銘精通透過代工業務實現最大化盈利的策略。他的成功，部分源於提供一流服務，並為客戶創造顯著的附加價值，這使得他能夠對客戶擁有相當的影響力（蘋果公司是主要客戶之一）。郭台銘不僅注重產品品質和生產效率，還在服務、技術創新和供應鏈管理等方面，建立了世界級的核心競爭力。

透過高效率的操作模式、嚴格的品質控制以及極低的成本，郭台銘帶領的鴻海集團能夠迅速應對客戶需求變化，並提供定制化的解決方案，這在全球代工產業中是相當罕見的，應該說，這個選擇是歷史上沒有見過的。此外，他透過不斷的技術創新和投資，使鴻海保持在行業前沿，進一步增強了與客戶的合作關係。

聯發科

台灣的聯發科公司雖然在台灣本土起步，但其商業帝國的真正建立，卻是依賴於中國大陸市場的快速拓展。聯發科在2G時代便進軍中國大陸市場，專注於與當地的白牌（本土仿製沒有品牌）手機製造商合作，並建立高效的手機晶片設計與晶片組合及零組件供應鏈。這些策略使聯發科在短時間內迅速提高市占率，甚至在競爭激烈的行業中超越高通和其他本地競爭對手。

聯發科最初針對市面上功能單一的小型手機，推出2G手機解決方案。聯發科以低價策略和以中國大陸市場為核心的經營策略，迅速在市場上取得巨大成功。成功後，立即面對「展訊」等等大陸本地生產的晶片業者競爭，進行價格挑戰。為了應對這一挑戰，聯發科快速轉型進入3G市場，並創新地提出Turn-Key（整體解決方案）的概念，將晶片、記憶體、機板和機殼整合成可調整的模組，大大降低客戶的加工門檻。聯發科不僅將重點放在白牌手機小型加工廠和個體戶，而且利用低價策略與Android帶動的智慧型手機系統，成功地促進白牌手機業者快速崛起，這一戰略也使得展訊和高通在市場上受到巨大的壓力。

聯發科在此過程中培育的零組件供應商和代工製造業者，例如華勤和龍旗，後來成為中國大陸通訊產業的重要力量。而如今在中國大陸市場占有重要地位的小米、OPPO和vivo等品牌，也是在這一時期隨著聯發科的發展而崛起。聯發科的成功案例不僅展現台商對中國大陸市場的深刻理解和適應能力，也彰顯其在全球通訊產業中的重要地位。

五、中國大陸經濟奇蹟是如何煉成的？

中國大陸自一九九〇年以來的經濟奇蹟，是透過一種獨特的政府主導經濟發展模式精心煉成的。這種模式的核心是中央政府與地方政府之間的密切協作和互動，以及地方政府之間的激烈招商引資競爭。

中央政府在這一過程中扮演決策者和調節器的角色，制定經濟政策，並透過法律、財政和行政手段指導國家的經濟發展方向。中央政府的策略包括大力支持基礎設施建設、推動產業升級、鼓勵科技創新，以及逐步實施市場開放政策。此外，中央政府還透過宏觀調控手段，如貨幣政策和財政政策，來穩定經濟增長和控制通膨，這裡，我們似乎看到第一章所述、一九六〇至一九八〇年代、台灣政府在經濟發展過程中的影子，即政府主導計畫經濟發展，但是台灣政府在一九九〇年代以後，政府角色逐步淡出、國家企業民營化即是例證，而中國大陸政府的角色卻至今愈來愈吃重。

地方政府在這一模式中具有重要地位，它們不僅是中央政策的執行者，還透過招商引資和地方發展計畫，來積極推動當地經濟成長。地方政府之間（各省、市）的競爭促使它們創造更有利的經營環境，吸引國內外投資，並在基礎設施建設、稅收優惠和政策支持等方面提供諸多便利，例如：二免三減半（前二年免稅、后三年稅減半）、五免五減半，或前二年工業土地租金全免、后三年租金減半等等。這種競爭不僅加速地方經濟發展，也促進產業集聚和專業分工，從而提高整體經濟效率。

不過，這種模式在後期，大約二〇一五年以後也帶來了很多副作用，如地方政府過度依賴土地財政和以投資來拉動經濟成長，導致債務累積和資源配置不當等問題。此外，地方保護主義和不同地區發展不均衡的現象也是對這一模式的挑戰。

（一）地方融資平台與土地財政

地方政府為了刺激經濟成長和提升公共服務品質，在資金不足的情況下，自二〇〇〇年開始，中國大陸的地方政府開始實施「以土地換資本」的土地財政策略。土地財政是指地方政府透過出售土地使用權，或從房地產開發中獲取稅務收入的做法。由於中國大陸的地方政府不能直接擁有土地，但可以控制土地使用權的出讓，因此，透過出售土地使用權給開發商，地方政府能夠獲得大量的財政收入。這部分收入往往用於還償地方政府融資平台所籌集的資金和償付相關債務。土地財政在二〇〇〇年至二〇〇九年間急速成長，土地財政占地方政府預算內財政總收入的比例，在二〇〇九年已經達到七五．六%，顯示地方政府對土地財政的依賴程度相當高。[41]

這種策略主要體現在兩個方面：在工業用地上，地方政府透過提供低成本甚至免費的土地來吸引投資，從而刺激當地經濟增長和創造就業機會；在商業房地產開發方面，一些城市採取積極的供地策略，力求以高價出售土地，以此獲取更多的財政收入。土地財政策略建立在中國大陸的城鄉二元論、分散的土地所有權，以及土地分級管理制度，將土地作為宏觀調控工具的基礎上。[42]這種策略在短期內確實為地方政府提供必要的資金，來改善基礎設施和提升公共服務水準，同時也吸引大量的企業投資，推動地方經濟快速發展。

地方政府融資平台（Local Government Financing Vehicles，簡稱 LGFV）與土地財政，在中國大陸的地方政府財政運作中，扮演著非常關鍵的角色，兩者之間存在著密切的關聯。由於人民大會通過的法律限制不能逾越，中央對地方政府發債是有法律依據而限制的。而地方政府融資平台，是中國大陸地方政府為了繞過中央政府對直接借債的限制，所設立的公司或機構，這些平台主要目的是籌集資金用於基礎設施建設和公共工程，以支持地方經濟發展。這些平台通常透過發行債券或從銀行借款來籌集資金，而土地財政則是其主要的還款來源之一。地方政府融資平台主要的形式，為地方政府直屬的城市建設投資公司（簡稱城投公司）。

在中國大陸的土地財政資金循環中，國家開發銀行（簡稱國開行）扮演著核心角色。其運作模式是：商業銀行購買國開行發行的債券，從而為國開行提供資金。國開行協助地方政府建立城投公司，並利用商業銀行的資金，向這些城投公司提供長期貸款。這種方式使得地方政府能夠透過城投公司，不斷地從國開行獲得借款，甚至城投公司還可以自行發行債券，吸引銀行和證券公司的投資。

理論上，這個模式旨在將地方政府的融資活動納入市場框架之內，既改善地方政府的財政狀況，又提供市場約束，結合資本市場融資與公共利益，使得一些本身無法直接獲利的地方建設項目得以實現投資回報。

然而，實際運作中卻出現了諸多問題。地方政府普遍缺乏嚴格的財政紀律，導致城投公司充斥著各類資產。地方政府為了美化資產負債表，對其中無法盈利的資產，如學校、公園、醫院等進行補貼，城投公司則將這些補貼視作利潤，從而創造出外表繁榮卻實質空洞的財務報表。這種情況在一定程度上扭曲了資本市場的正常運作，並對經濟的健康發展構成了潛在風險。[43]

這種依賴土地開發與銷售的財政模式，雖然在短期內為地方政府提供資金來源，但長期來看卻埋下多重風險和問題。首先，當地方政府的收入過度依靠土地銷售與房地產（工業房產、商業房產、住宅房產、文化房產）開發，一旦房地產市場出現波動，如市場冷卻或價格下跌，將直接影響地方政府的財政穩定性，甚至威脅到其債務的還款能力，更別說有些城投公司個別存在某些腐敗與效率、效益不佳的問題。這種市場的不確定性，使地方政府面臨著較大的財政風險。

其次，過度依賴土地財政的模式，往往導致對土地資源的不合理利用和開發，可能引起土地價格人為上漲，從而推高房地產市場的價格。這不僅對普通消費者構成壓力，也可能引發社會不公和經濟泡沫的風險；事實上，地方政府希望土地與房地產皆漲價，因為可以獲得超額的財政收入，但是中央政府對於房地產直直漲價是有擔心的，所以喊出「房子是用來住的，不是用來炒的」。開發商夾在兩者中間很為難，因為土地價高使得成本提高，肯定推漲房地產售價，而售價高連帶繳稅高，地方政府稅收增加，自然樂觀其成，但是又怕中央施壓、踩踏中央設立的紅線。

再者，這種模式加劇地方政府的債務負擔。為了提升經濟發展速度，地方政府可能進行大量投資，尤其是基礎設施和公共工程。然而，這些投資往往需要大量資金，而地方政府為籌措這些資金，會透過土地銷售或借貸增加債務。這樣的債務累積最終可能影響到地方政府的長期財政健康和經濟的可持續發展。

最後，這種模式還可能導致地方政府在經濟發展策略上的短視，以及對快速經濟增長的過分追求，忽略了環境保護和社會福祉等其他重要因素，從而影響到社會的整體和諧與穩定。

筆者在拜訪中國大陸的開發商或地方官員時，經常聽到他們談及「先有工業化、商業化、再有城市化」的發展三部曲。中國大陸的土地財政運作模式，似乎是首先透過建設工業園區招商引資給予優惠，然後廣建工廠、創建ＧＤＰ與出口創外匯，即工業化引發經濟活絡，隨後在工業區旁進行城市化以推動城市擴張和基礎設施建設，公路、高鐵、地鐵系統、醫院、學校、公共大樓，最終達成商業辦公大樓、購物百貨商場、消費娛樂階段，此時住宅房地產市場得到發展，進而刺激消費市場成長。自二〇〇〇年以來，中國大陸的經濟發展在很大程度上是以房地產市場（工業地產、商業地產、住宅地產）為中心，形成了一種圍繞房地產發展的經濟模式。

（二）地方基建與房地產熱潮：二〇〇八年「四萬億」政策、二〇一五年棚戶區房產改建貨幣化安置

為了應對二〇〇八年全球金融危機對其經濟的衝擊，中國大陸政府推出了一項規模達四萬億元人民幣的經濟刺激計畫，主要聚焦於基礎設施投資。雖然此計畫初衷是透過增加公共投資來激發經濟活力，但實際執行過程中，大部分資金並未如預期般有效流向基礎建設。反而，有些資金大量流入了房地產行業、地方政府融資平台，以及一些已經存在產能過剩的行業，如標準工業廠房。

此外，部分資金還被用於償還已有債務和支付利息，這意味著這些資金並未實際投入到推動經濟增長的有效領域。這樣的資金流向，導致金融資源在中國大陸金融體系內部循環，而非對經濟實體產生直接推動作用。這不僅未能帶來預期的經濟實質增長，反而進一步加劇房地產市場的泡沫現象，加重地方政府的債務負擔，並使得某些行業的產能過剩問題愈發嚴重。[44]

據筆者回憶，當初上海永大電梯公司與日立在一九九六年簽定十年聯合品牌協議，但是等

到二〇〇六年到期，日立提出收購上海永大，但是這時永大電梯正處於業績大幅成長的時機，永大不答應日立的併購提議（這段情節將在第三章詳述），因此二〇〇六年七月以後，永大電梯就不被允許使用聯合品牌（永大日立品牌），而日立就以低價對永大參與的銷售項目，殺價搶單，甚至揚言：離開日立品牌，永大沒有生存空間。經歷二〇〇六年至二〇〇七年、永大市占率從市占第六名，滑落至十名外。然逢上天眷顧，二〇〇八年美國金融危機（雷曼危險爆發），殃及歐洲、日本、韓國乃至全球，這時中國大陸進出口業務受影響，經濟也受金融危機波及。房地產處於凍結狀況，成交量縮減、價格下滑，所有電梯外資大廠均不敢接單，小心謹慎為上。這時，國務院總理溫家寶出手，投入四萬億元人民幣刺激經濟救市，筆者當時想，中國大陸仍是外匯管制國家，金融亦不完全開放，因此研判金融海嘯對中國大陸影響不大，所以在二〇〇八年海嘯期間大肆搶單，可以說到了來者不拒的地步。果不其然，二〇〇九年起，房地產就開始再度熱身，至二〇一〇年急速成長，永大也在二〇〇八年至二〇〇九年期間，一舉將市占搶回前七名。從這段時間，可以感受中國大陸政府經濟上的計畫與執行能力，極具掌握力度，而商人那種渴望發展的態勢，一點燃就動力十足，很難在別的國家看到。

儘管從四萬億計畫所暴露的問題中有所反思，中國大陸政府在面臨經濟挑戰時，仍然傾向於採取大規模的流動性注入策略，俗稱給二、三線城市「大水漫灌」。在二〇一五至二〇一八年間，為應對房地產市場已經供過於求，城市郊區房地產過剩，房子賣不出去。政府擔心房地產有泡沫危機，且GDP無法達標，於是人民銀行推出抵押補充貸款（PSL）這一金融工具，目的是推動棚戶區改造貨幣化，從而幫助消化二、三、四線城市的過剩房地產庫存。[45]這項策略確實在一定程度上緩解民生問題，特別是透過活絡居民的房地產和消費金融行為，刺激經濟活動。

然而，棚改貨幣化政策同時也引發不少爭議，主要是因為它加劇三、四線城市房價上漲，以及房地產市場即將趨於冷卻，卻又啓動過熱投資。這種做法雖在短期內促進市場活力，但也帶來潛在的房價泡沫和不可持續的投資熱潮，並推升地方政府債務，對房地產市場的穩定和健康發展構成嚴峻挑戰。[46]這反映出，儘管中國大陸政府應對經濟問題極有效率，有一定的靈活性和創新性，但在宏觀策略和風險管理上，市場干預與人為過度操作帶來極大的後遺症，從二〇二二年開始的房地產爆雷即可看出。

當時中國大陸的房地產市場熱潮之劇烈，以至於幾乎人人都參與到土地開發的競逐中。在這個時期，不僅私人投資者，甚至政府機構和國有企業也加入爭奪土地的行列。在這種高度競爭的環境中，如果沒有足夠的資源和背景支持，普通投資者幾乎無法獲得土地資源，更別提參與房地產開發。

許多外資、尤其台商到大陸投資，一般都先開設工廠，獲得工業土地，經過十年至二十年後，土地價格翻漲數十倍，將其除了自用也出租以獲取初期投資回報。隨著土地價值持續上升，這些土地所有者便會選擇在合適的時機出售土地，從而實現巨大的資本增值。這種策略使得許多投資者和企業能夠透過短期內的土地投機而迅速致富，形成一種「點土成金」的現象。

一個案例是上海永大的土地開發。二〇一三年，隨著上海市區迅速擴張，永大集團一九九三年設立原位於上海郊區的工廠成為市區規劃的一部分。由於正好位於地鐵站旁的優良區位，引起當地許多政府官員關注，主動提議將永大的工廠遷移至成本更低的地區，並將其現有土地進行開發以實現資產增值與變現，同時幫助政府推動周邊地區發展。一九九三年時，永大購買該地塊的成本僅為二十萬元一畝（人民幣，下同），而在上海城市擴張的背景下，該地塊的開發潛力極大，二〇一三年其價值已飆升至商業用地一畝八百萬元以上、住宅地一畝一千三百萬元以上。

然而，由於永大台北總部對當時大陸市場環境的了解遠遠不足，這個開發提案被擱置。當筆者於二〇一五年返台任職，二〇一七年、即兩年後返回上海，希望重啟這一交易時，發現形勢已然改變。即便當初的區領導仍在職，但對方的態度已經轉為冷淡（因為政府可以隨時收回這塊地）。區領導表示，由於永大當初未抓住時機變更開發土地，送黃金給他們，他們卻不領情，而當下政府已不再需要開發該地塊，因此開發時機已經錯過。據了解，這位區幹部已經上位至上海市市領導層了，永大不僅沒有領用這筆數十億黃金，還得罪了領導幹部，因此，永大台北總部的決策者在許多上海商界朋友與台商之間，淪為笑談。

（三）過剩的貨幣流動性

在二〇〇八年全球金融海嘯期間，中國大陸的經濟已經呈現出輕微資產泡沫的跡象。為了對抗經濟衰退的風險，中國大陸政府在二〇〇八年底推出規模達四萬億元的刺激計畫，旨在透過大規模的基礎設施建設和公共工程投資來提振經濟，四萬億元也確實發揮作用，二〇〇九年第三季經濟成長率就已回到二位數。然而，除了中央政府的投資，地方政府也層層加碼，利用地方政府融資平台，對市場注入大量的流動性，導致原本已經膨脹的資產泡沫進一步擴大。[47]

這一時期的地價和房價快速上漲，物價也隨之水漲船高，這些因素共同推高企業的生產和製造成本。此外，通貨膨脹的壓力使得普通民眾的儲蓄貶值，影響他們的生活成本和購買力，通膨正以螺旋的形態大幅大漲，例如：二〇〇八年以前去卡拉OK唱歌，豪華房租房費用約為一千元。二〇〇九年以後，急速上漲至六千元，甚至到八千八百元。給小妹的服務費從二〇〇三年以前兩百元，二〇〇八年五百元，二〇〇九年後八百元，至二〇一九年時已經高達兩千元，價格跳漲令人瞠目結舌。

隨著四萬億刺激計畫效應逐漸消退，二〇一五年眼看郊區的房地產過剩，二、三線房地產也開始無法去庫存，中國大陸政府又推出棚戶區改造貨幣化政策，試圖透過貨幣補償方式，加速市中心棚戶住房改造進程，並消化二、三線房產過剩。這一政策再次向市場注入大量流動性，再次刺激房地產市場，進一步撐起更大的資產泡沫。這種重複的流動性注入和資產價格上漲，對經濟穩定構成愈來愈大的風險。

這一連串的政策舉措反映中國大陸政府在經濟刺激和風險控制之間的權衡博弈。雖然這些措施在短期內有效地刺激與維護經濟成長，但事後看來，它們加劇資產泡沫的問題，懂市場經濟的專業工作者其實心知肚明。

中國大陸的資產泡沫反映在企業宴飲排場的豪奢程度，究竟大陸泡沫經濟的巔峰誇張到什麼程度？據筆者個人經驗，有三次對大陸商場紙醉金迷現象的深刻印象。第一次是二〇一六年，筆者應邀參加一場商務晚宴，當搭車抵達時，座車卻被停車場管理員拒於門外，司機出示邀情函也無法進入。管理員告訴我們，賓士車沒有資格進入這個停車場，這個停車場都是法拉利、賓利，甚至勞斯萊斯這類豪車才能進去，他們須停遠一點，用走的進入會場。

第二次是在二〇一七年，參與一場在上海知名豪華酒店的宴飲，主人為了顯示財力，當場開了兩瓶昂貴的白蘭地——路易十三，一瓶要價八萬八千元。酒店為了顯示尊榮感，還讓四個身著燕尾服的男士用轎子扛著酒出場，旁邊還有女服務員放生日派對的煙花，看得筆者目瞪口呆。現場請來十位模特兒助興唱歌，每位給五千元服務費，加上經理、服務生每人三千元，一個晚上下來就花費了人民幣二十幾萬元，較之一九八〇年代，日本東京因流動性過剩而紙醉金迷的夜店消費，有過之而無不及。

第三次是在上海永大時，公司舉辦的晚會。二〇〇八年時，大陸企業已經習慣在展銷會或是年會上邀請明星主持或是演唱，往往一次的開銷就是以數百萬元人民幣為單位。上海永大為了向客戶與代理商、供應商展現企業實力，二〇一四年上海永大二十週年慶也花費重金，在上海梅賽德斯──奔馳文化中心舉行週年慶大會，招待代理商及客戶，請來大陸當紅歌手如韓紅、陳思思、齊秦等人出場，晚會主持人也是當紅的脫口秀大王周立波。筆者對當時的價碼印象相當深刻，周立波主持二十分鐘就要天文數字幾十萬元的出場費，韓紅也是唱三首歌就要數十萬元。陳思思的排場更大，需要為她請來一整個交響樂團伴奏。贊助職業運動也是當時企業另一個重要的公關營銷管道，上海永大曾經在二〇〇五年至二〇〇六年贊助中超足球隊，在球衣繡上「上海永大」，這四個字，一球季價值五百萬元。

據筆者個人經驗，這種營銷花費就是要顯示企業財力，那個年代出手要能端上檯面，客戶才有信心購買，加上二〇〇八年因為四萬億刺激，出口急升、外匯存底大幅上漲、外資大舉投資中國大陸、流動性過剩、政府土地財政急遽擴張、地方政府ＧＤＰ業績（ＫＰＩ）年年雙位數成長、大肆招商引資、工資大幅上漲等因素、政府與企業滿手都是錢。

六、中國特色的社會主義：做生意也要跟著黨走

由於中共對於資本家的態度始終是「既利用又防範」，基於共產國際的思想，資本家並沒有一直被中共當作是「自己人」。雖然在一九四九年建政前後，中共曾招攬一批「愛國民族資本家」如榮毅仁、「火柴大王」劉鴻生、「航運大王」盧作孚等人作為榜樣，以安定企業界的人心，但是雙方的蜜月期很快就結束。

中共在一九五二年發動以改造資本家為目標的「五反運動」，標誌著中共對資本家的態度轉為嚴厲。中共認為工商階層是誘惑國家與黨幹部墮落的源頭，資本家透過賄賂幹部以竊取國家資產，於是需要在工商界展開整肅運動。[48]上海眾多資本家遭到這場政治運動波及，有人遭到逮捕、處決，甚至於自殺。劉鴻生當時就認為資產階級的末日來臨了，他說：「如今國家有了前途，共產黨在經濟上也很有一套辦法，可以不要資產階級這個朋友了。你們各走各的路，各想各的辦法去吧！」[49]到一九五六年底，中共宣布「社會主義三大改造」基本完成，私人企業都成為「社會主義公有制企業」，資本家在中國大陸社會基本消失。[50]

雖然一九七八年在改革開放後，中國大陸重新出現了私人企業，但中共長期面臨著如何在其社會主義意識形態框架內，處理與私營企業的矛盾。這一矛盾在鄧小平一九九二年的南巡講話中被提出，最終在江澤民提出的「三個代表」思想中得到某種程度的解決，該思想認可私營企

業和資本家對社會和經濟發展的貢獻，使得資本家得以獲得更加正式的認可和安全地位。

然而，二十大以後，在公私合資二．〇版，以及國進民退、共同富裕的方針下，習近平主席時期，中共再次強調黨對國家和社會的全面領導，這意味著私營企業也需要遵循黨的指導。這種政策轉變為私營企業帶來了新的挑戰，特別是在適應「新時代」下的商業環境和增加的政治要求方面。因此，對於私營企業而言，如何在中共的領導下進行有效的商業營運，成為關鍵且複雜的問題。

（一）中共的意識形態如何與資本主義接軌？

中國共產黨的意識形態與資本主義的接軌，可以被看作是一個漸進且複雜的過程，涉及對其社會主義理念的不斷調整和發展。這個過程可以從「社會主義初級階段」理論，到江澤民的「三個代表」重要思想，再到胡錦濤提出「科學發展觀」，以及現在習近平時代「中國特色社會主義現代化」的路徑中得到觀察。

社會主義初級階段是在一九八〇年代由中國共產黨提出的一個重要理論，代表著對國家發展歷程的根本性重新定位。這一理論的核心是承認中國大陸仍處於社會主義發展的初期階段，並預期這一階段將持續相當長的時間。這一理論的提出，意味著中國共產黨在經濟發展策略上做出重大調整，開始尋求一種社會主義和市場經濟相結合的新模式。具體而言，這包括對私有企業的認可與支持，將其視為推動經濟成長和技術創新的重要力量。此外，在這一階段，中國大陸政府還推行一系列市場導向的改革，如放寬對外貿易限制、引進外資和鼓勵企業競爭，從而在不放棄社會主義基本原則的前提下，吸收和利用資本主義經濟的有效機制。幫助中國大陸在保持社會主義核心價值的同時，有效地融入全球經濟體系，並實現了經濟的快速發展和社會的整體進步。[51]

中國大陸進行一系列改革，準備加入世貿組織，進一步融入全球經濟體系，意識形態與私人資本的矛盾必須要徹底解決。江澤民就在二〇〇〇年提出「三個代表」思想。這一思想強調，中國共產黨必須代表「中國先進社會生產力的發展要求，代表中國先進文化的前進方向，並代表中國最廣大人民的根本利益」。「三個代表」的思想，實際上體現中共對市場經濟機制和資本主義元素的進一步吸納與融合。它認可市場經濟在推動社會生產力發展中的作用，並強調創新對於國家發展的重要性。這一理論的提出不僅調整黨對經濟發展的策略，也為私營企業和資本家在社會主義框架內的合法性提供理論支撐，自此之後，資本家可以入黨，為其提供身分合法性基礎。[52]

解決馬克思主義意識形態與資本的矛盾後，中共將目標放在經濟發展。「科學發展觀」作為中國大陸發展策略的一個關鍵轉折點，是在胡錦濤時期提出，旨在回應快速經濟成長對社會和環境帶來的挑戰。這一發展理念的核心是「以人為本」和「全面協調可持續發展」，強調在追求經濟增長的同時，也要重視社會福祉、環境保護和資源的可持續利用，二〇〇七年三月，第十屆全國人大更通過《物權法》，維護基本經濟制度，明確物的歸屬保護權利人的私有財產，也使得外資公司、外國人來中國大陸所擁有的財產得以保障。科學發展觀是中國共產黨在面臨全球化和國內挑戰的背景下提出的發展策略，旨在導引中國大陸走向更加平衡、包容和可持續的發展道路。以科學的觀點、和諧社會強調不再以意識形態作為施政方針，內部不再鬥爭折騰。

「科學發展觀」強調經濟發展模式的轉型，主張從單一的ＧＤＰ成長導向轉向更全面衡量社會進步的指標，如提高生活品質、減少貧困和促進環境可持續性。這一轉變意味著對經濟結構進行深刻的調整和優化，特別是透過促進創新和高科技產業的發展，來提升經濟的內在品質和競爭力。[53]

在中國共產黨的歷史上，我們可以觀察到對於經濟發展與意識形態之間關係的不斷調整。在改革開放初期，伴隨著市場經濟機制的引入和對外開放的加深，似乎出現意識形態對經濟政策影響的相對淡化。然而，在習近平時代，這一趨勢出現顯著轉變，意識形態再次被賦予更重要的地位，並且在「中國特色社會主義現代化」的框架下，將現代化發展更緊密地與黨的領導結合起來。

習近平強調黨的領導核心地位，重申意識形態的重要性，並回歸一些傳統的政治用語，如群眾路線和強調人民不忘初心、牢記使命等。這種回歸在一定程度上反映中共對於維護社會穩定和強化黨的統治的重視，同時也顯示對於經濟發展方式和社會治理方式的重新審視。[54]

這種轉變引發外界對於中共可能重新採用過去政治運動式的經濟發展模式的擔憂，而事實上是有些苗頭（造蕊計畫、退林還耕等等計畫）。然而，也有觀點認為，這種轉變更多是對於黨的統一領導和意識形態控制的強化，而不一定意味著將完全回到過去的政治運動模式。這一轉變反映中共對於經濟發展與政治控制之間平衡的新詮釋，並凸顯在追求經濟現代化的同時，對於加強黨的領導和意識形態統一性的重視，這一趨勢將如何變化，值得在中國大陸經營的企業重視與觀察。

（二）中國大陸政府／黨與企業關係

中國大陸的政府（黨）與企業之間的關係具有獨特的特點，這一關係在過去幾十年中經歷了顯著的演變。特別是在改革開放以來，隨著私營經濟興起和市場經濟發展，企業家與黨和政府之間的互動日益密切。一方面，許多企業家被鼓勵入黨，這不僅象徵著他們在經濟領域的成功，也代表著對黨的政策和方向的認同。透過企業家入黨，中共能夠更直接地影響和引導私營經濟的發展。

中國大陸的許多企業家進入人民代表大會（人大）或政治協商會議（政協），這一現象不僅加強政府與商業界的聯繫，而且對於雙方都帶來相互的好處。這些企業領袖在政策制定過程中發揮著關鍵作用，他們將商業視角和專業知識帶入政策討論，幫助政府更好地理解市場動態和經濟需求。

這種政商互動不僅提升政策的實用性和有效性，也為企業界提供表達和推動其商業利益的機會。研究顯示，企業家的政治參與常常能夠提升企業的盈利能力，這部分是因為他們能夠更直接地影響與其業務相關的政策制定，或是有助於企業獲得有利的監管或稅收條件，以及更多的銀行貸款。[55]此外，作為人大或政協代表，企業家在與政府機構的互動中擁有額外的便利，這有助於他們更有效地為自己的企業爭取支持和資源，以及更能理解政府的經濟走向。[56]

在二〇一八年中國大陸證券監督管理委員會（證監會）發布新修訂的《上市公司治理準則》草案，其中一項重要內容是首次明確要求所有上市公司設立共產黨組織。這一舉措被視為進一步加強「企業姓黨」的政策導向，特別是對於國有控股的上市公司，草案更強調需要將黨建工作的相關要求納入公司章程。這一政策對於在中國大陸經營的台商來說並非全新。許多大型台商公司早已設立黨組織，主要目的是為了更好地與當地政府溝通，解決經營中遇到的各種問題。

對於在中國大陸經營的台灣上市櫃公司而言，這一現象反映了「人在屋簷下、不得不低頭」的現實考量。然而，這種趨勢也引起了對企業治理和決策自主性的關注。隨著黨組織在企業中的角色愈加顯著，企業可能面臨「是聽老闆、還是聽書記的」兩難選擇。這不僅涉及到企業管理層的決策權限，也影響到企業的營運策略和長遠發展。其實，台資企業內設立黨組織已不是新聞，只是過去以企業營業規模作為設立黨組織與否的依據，大企業需要設立黨組織，中小型企業則可以不設立，甚至企業可以將黨組織設立在分公司即可。但是習近平上任後，企業設立黨組織的規定變得更嚴格，只要有三個黨員就必須設立黨組織，如此一來幾乎每個企業都必須設立黨組織。

在中國大陸，政府與企業之間的關係形成一個錯綜複雜的互動模式，其中涉及政策導向、政治參與，以及意識形態的整合。這種關係不僅體現中共對經濟發展的控制力度，也展示企業在適應威權體制的過程中所展現的靈活性。據筆者在大陸二十餘年的經營經驗，不論是從事什麼行業，維持與黨和政府的良好關係對企業至關重要。沒有這種良好的政治關係，企業很難在中國大陸市場中存活和發展，這是在中國大陸台商經營時必須高度重視的一個方面。

(三) 以企業經營而言，胡時期與習時期有什麼樣的差異？

在習近平主席領導下的時期，中國大陸政府在經濟和市場領域的控制力度有所加強，這在一定程度上體現出計畫經濟的影子。這一時期的政策和策略更強調公有制的主導地位，尤其是國有企業在中國大陸經濟中的重要角色。國有企業不僅被視為國家經濟的物質基礎，更是政治穩定和發展的重要基石。這種策略強調了國有企業在重要行業和領域的領導地位，並對其進行了資源和政策上的優先支持，被外界認為是「公有制主導」。

胡錦濤時期和習近平時期的企業經營環境與策略存在明顯差異。在胡錦濤領導時期，中國大陸處於全球化的高潮，積極地融入世界經濟體系，這一時期的企業投資主要以追求成本效益為核心。中國大陸當時實施較為開放的經濟政策，為國內外企業創造了穩定且有利的經營環境，促進經濟迅速發展，並推動中國大陸企業在全球市場的擴張。

進入習近平時代，對抗加劇企業經營的背景和面臨的挑戰發生根本性的變化。全球新冠疫情大流行和中美間引發的地緣政治對抗加劇，迫使企業重新評估其投資策略和生產配置。特別是對於許多台灣企業而言，考慮將生產線部分遷移至東南亞等地區，成為分散地緣政治風險和供應鏈中斷風險的重要舉措。在這一時期，企業投資的重心，由過去的成本效益轉向對安全性與降低風險的考量，尤其是在中國大陸實行的底線思維、極限思維策略的影響下。[57]

在習近平領導時期，中國大陸採納更加主動和強硬的策略來應對外部挑戰，尤其是面對來自美國的制裁和壓力，不僅體現中國大陸對於國際挑戰的堅定態度和強大力量，同時也準備面對任何不能妥協退讓的情況。尤其「中華民族偉大復興」已列為戰略行動，更需這種策略在國際舞台上展示中國大陸的決心，並透過展示其應對危機的能力，來增強其國際地位和影響力。

然而，這種策略的實施也給在中國大陸經營的企業帶來額外的挑戰和不確定性。企業不僅需要應對變化莫測的政策環境，還必須適應不斷變化的市場准入規則和國際關係的複雜性，特別是對那些與國際市場緊密相連的企業，面對潛在的貿易障礙和外交緊張，企業可能需要重新評估其供應鏈管理和海外市場擴張策略，台商更須考慮台海隨時可能發生的戰爭衝擊。

除此之外，這種極限思維策略，還可能影響企業的國際形象和品牌，尤其是在全球化經濟中。企業需要在保持與中國大陸市場的良好關係與遵循國際商業規範之間，找到平衡。這要求企業領導層具備高度的策略靈活性和敏感度，以應對可能的政治和經濟風險。

總體而言，從胡錦濤時期到習近平時期，中國大陸企業經營的環境和策略發生顯著變化，從全球化的積極融入，轉向更加關注安全和政治因素的考量。這一轉變對企業的經營決策、風險管理，以及長遠發展戰略提出了新的挑戰。

我們也將在最後一章節，做出較為清晰的闡述，也就是台灣資本，以及台商在這樣的變化下，如何持續發展。

註釋

01｜中國共產黨新聞，〈鄧小平南巡講話〉，《人民網》，http://cpc.people.com.cn/BIG5/64162/64167/2535034.html，查閱時間：二〇二三年九月八日。

02｜中國共產黨歷次全國代表大會數據庫，一九九三，〈中國共產黨第十四屆中央委員會第三次全體會議公報〉，《人民網》，十一月十四日，http://cpc.people.com.cn/GB/64162/64168/64567/65395/4441750.html，查閱時間：二〇二三年九月八日。

03｜盛斌、魏方，二〇一九，〈新中國對外貿易發展70年：回顧與展望〉，《財貿經濟》，一〇：三四—四九。

04｜趙偉，二〇二三，〈一九九〇年代末的轉型，對當下有何啟示?〉，《國金證券研究報告》，八月二十一日，https://pdf.dfcfw.com/pdf/H301_AP202308221595472741_1.pdf，查閱時間：二〇二三年九月八日。

05｜吳敬璉，《當代中國經濟改革教程》，頁一二三—一四八。

06｜吳敬璉，《當代中國經濟改革教程》，頁一九四—二二〇。

07｜中國政府網，一九八八，〈中華人民共和國憲法修正案〉，《中華人民共和國國務院公報》，五月二十五日，，https://www.gov.cn/gongbao/shuju/1988/gwyb198811.pdf，查閱時間：二〇二三年九月二十五日。

08｜甘藏春，二〇一四，《社會轉型與中國土地管理制度改革》，北京：中國發展出版社，頁五〇—六二。

09｜Walter, Carl and Fraser J. T. Howie. 2012. Red Capitalism: The Fragile Financial Foundation of China' s Extraordinary Rise. New Jersey: John Wiley & Sons Press, 36-39.

10｜Walter, Carl and Fraser J. T. Howie. 2012. Red Capitalism: The Fragile Financial Foundation of China' s Extraordinary Rise. 44-45.

11｜周小川，二〇一二，〈大型商業銀行改革的回顧與展望〉，《西部金融》，五：四—七。

12｜新浪財經，二〇一八，〈四大不良資產管理公司往事〉，《新浪網》，十月二十七日，https://finance.sina.com.cn/money/bank/bank_hydt/2018-10-27/doc-ifxeuwws8679970.shtml，查閱時間二〇二四年二月十八日。

13｜中國評論月刊，二〇一二，〈"壞帳銀行"偷了你的錢〉，《中評網》，二月十六日，http://hk.crntt.com/crn-webapp/mag/docDetail.jsp?coluid=0&docid=102012417，查閱時間二〇二四年二月十八日。

14｜周小川，〈大型商業銀行改革的回顧與展望〉，頁五。

15｜新浪財經，〈四大不良資產管理公司往事〉。

16｜新浪財經，二〇二三，〈巨貪賴小民的背後〉，《新浪網》，六月十八日，https://finance.sina.com.cn/roll/2023-06-19/doc-imyxuseq9344299.shtml，查閱時間二〇二四年二月十八日。

17｜大公報，二〇一二，〈華融財務重組方案獲批〉，《大公文匯網》，二月十一日，https://www.tkww.hk/epaper/view/newsDetail/1371670113429884928.html，查閱時間二〇二四年二月十八日。

18｜Paulson, M. Henry. 2016. Dealing with China: An Insider Unmasks the new Economic Superpower. New York: Grand Central Publishing, 110-126.

19｜Paulson, M. Henry. Dealing with China: An Insider Unmasks the new Economic Superpower, 160-161.

20｜Paulson, M. Henry. Dealing with China: An Insider Unmasks the new Economic Superpower, 164-172.

21｜市淨率指的是每股股價與每股淨資產的比率，或者以公司股票市值除以公司淨資產，通常用以衡量股票的投資價值。

22｜Paulson, M. Henry. Dealing with China: An Insider Unmasks the new Economic Superpower, 182-190.

23｜中金公司成立於一九九五年六月，由中央匯金投資有限公司、中國建設銀行與摩根士丹利合資成立，是中國大陸境內最大的股權投資銀行。

24｜葉劍英，一九八一，〈關於台灣回歸祖國實現和平統一的方針政策〉，《中華人民共和國商務部台港澳司》，十月一日，http://tga.mofcom.gov.cn/article/ls/jingmaofagui/200712/20071205294687.shtml，查閱時間：二〇二三年十月二日。

25｜全國法規資料庫，一九九〇年，〈對大陸地區間接投資或技術合作管理辦法〉，https://law.moj.gov.tw/LawClass/LawAll.aspx?pcode=Q0040001，查閱時間：二〇二三年十月四日。

26｜財團法人兩岸交流基金會，二〇一〇年，〈辜汪會談〉，https://www.sef.org.tw/article-1-105-600，查閱時間：二〇二三年十月四日。

27｜顧瑩華、楊書菲、高君逸，二〇一五，〈台灣 1990 年後對外投資發展趨勢及影響〉，《社會科學論叢》，九（一）：六七。

28｜熊雪瑩、余卓遠，二〇〇九，〈淺談台商在中國大陸地區投資的歷程回顧以及未來展望〉，《學術論叢》，五五五：一八—一九。

29｜陳淑美，二〇〇〇，〈超深圳，趕上海台商的東莞奇蹟〉，https://www.taiwan-panorama.com.tw/Articles/Details?Guid=e10b13b6-d55e-45ec-ad2a-89819cb0f22d&CatId=9&postname= 超深圳，趕上海台商的東莞奇蹟，查閱時間：二〇二三年十月四日。

30｜吳介民，二〇一九，《尋租中國：台商、廣東模式與全球資本主義》，台北：國立台灣大學出版中心，頁四。

31｜胡蔡安，二〇〇〇，〈台商為何雲集大蘇州〉，https://www.chinabiz.org.tw/News/GetJournalShow?pid=162&cat_id=174&gid=109&id=1408，查閱時間：二〇二三年十月四日。

32｜36氪，二〇二一，〈從靠上海到靠台商，百強縣之首崑山的前世今生〉，https://36kr.com/p/1542295845349633，查閱時間：二〇二三年十月四日。

33｜胡蔡安，〈台商為何雲集大蘇州〉。

34｜陳淑美，〈超深圳，趕上海台商的東莞奇蹟〉。

35 陳岩，二〇二二，〈中國加入WTO20年：「入世」如何改變中國與世界〉，https://www.bbc.com/zhongwen/trad/business-59239732，查閱時間：二〇二四年一月五日。

36 蘇慶義，二〇二二，〈中國對外貿易20年成長路〉，《中國外匯》，一三：http://www.chinaforex.com.cn/index.php/cms/item-view-id-51287.shtml。

37 World Bank, 2023, "Industry (including construction), value added (constant 2015 US$) – China," https://data.worldbank.org/indicator/NV.IND.TOTL.KD?locations=CN (January 3, 2024).

38 中國國家統計局，二〇二四，〈社會消費品零售總額〉，https://data.stats.gov.cn/tablequery.htm?code=AD05，查閱日期：二〇二四年一月八日。

39 任雪麗（Shelley Rigger），馮奕達譯，《從MIT到中國製造：台灣如何推動中國經濟起飛》，頁一八〇—一八三。

40 同註釋39。

41 田傳浩，二〇一八，〈中國土地財政：歷史、現實以及可能的變革〉，《澎湃新聞》，九月十三日，https://www.thepaper.cn/newsDetail_forward_2425548，查閱日期：二〇二三年七月九日。

42 Rithmire, Meg. 2017. "land Institutions and Chinese Political Economy: Institutional Complementarities and Marcroeconomic Management" . Politics & Society 45 (1): 123-153.

43 Sanderson, Henry and Michael Forsythe. 2012. China s Superbank: Debt, Oil and Influence - How China Development Bank is Rewriting the Rules of Finance. Singapore: John Wiley & Sons Press.

44 劉林，二〇一八，〈「四萬億」啟示錄：宏觀調控究竟要怎麼「調」〉，《界面新聞》，十一月二十二日，https://www.jiemian.com/article/2643838.html，查閱日期：二〇二三年七月三日。

45 依照中國大陸政府的界定，棚戶區指的是城市、鎮內房屋密度高、年限久、質量差、安全隱患多，且配套設施不完善的區域。浙江省住房保障廳，二〇二一喔，〈城鎮棚戶區是什麼?〉，《浙江省人民政府》，五月二十六日，https://www.zj.gov.cn/art/2021/5/26/art_1229439299_59107045.html，查閱日期：二〇二四年二月二十五日。

46 丁安華，二〇一九，〈潮起潮落：棚改政策得失考〉，《招銀國際證券》，七月十一日，https://www.cmbi.com/article/3092.html?lang=tc，查閱日期：二〇二三年九月二日。

47 劉林，〈「四萬億」啟示錄：宏觀調控究竟要怎麼「調」〉。

48 「五反」運動始於一九五二年，中共官方指責資本家「忘恩負義、對黨和政府猖狂進攻」，「五反」運動主要在工商業發達的上海及周邊地區進行。「五反」為：反行賄、反偷稅漏稅、反偷工減料、反倒騙國家財產、反盜竊國家經濟情報。

49 劉念智，一九八二，《實業家劉鴻生傳略》，北京：文史資料出版社，一二〇。

50 中國共產黨新聞網，〈三大改造完成〉，http://cpc.people.com.cn/BIG5/33837/2534775.html，查閱日期：二〇二四年一月十日。

51｜馮蘭瑞，二〇〇二，〈「社會主義初級階段」之提出的歷史回顧〉，《二十一世紀》，七一，九三—九七。

52｜星島日報，二〇二二，〈江澤民逝世，提「三個代表」 容資本家入黨〉，十一月三十日，https://www.singtao.ca/6103505/2022-11-30/news-江澤民逝世—提「三個代表」＋容資本家入黨/?variant=zh-hk，查閱日期：二〇二四年一月二日。

53｜張瑞清，二〇一二，〈科學發展觀的「四大基礎」〉，《人民日報》，十二月五日，https://www.dswxyjy.org.cn/BIG5/n1/2019/0228/c423721-30923478.html，查閱日期：二〇二四年一月二日。

54｜習近平，二〇二三，〈中國式現代化是中國共產黨領導的社會主義現代化〉，《中國共產黨新聞網》，六月一日，http://cpc.people.com.cn/BIG5/n1/2023/0601/c64094-40003978.html，查閱日期：二〇二四年一月二日。

55｜Li, Hongbin, Lingsheng Meng and Junsen Zhang. 2006. "Why Do Entrepreneurs Enter Politics? Evidence from China." Economic Inquiry, 44 (3): 559-578.

56｜Li, Hongbin, Lingsheng Meng, Qianw Wang and Li-An Zhou. 2008. "Political Connections, Financing and Firm Performance: Evidence from Chinese Private Firms." Journal of Development Economics, 87 (2): 283-299.

57｜極限思維就是指極端情況，即一旦事物按照某種趨勢走入極端情況，需要有準備和應對方案，然而也不排除自己主動製造一種極端情況，以展示決心和力量。鄧聿文，二〇二三，〈習近平的「極限思維」是什麼意思〉，《風傳媒》，六月十六日，https://www.storm.mg/article/4807445?page=1，查閱日期：二〇二四年二月二十五日。

部曲二

野蠻人覬覦下的家族資本

Family Capital in the Face of Outsider Intrigue

79
67.63
66.01
62.5
60.52

第三章

台商企業面對的外部經營挑戰

External Operational Challenges Faced by Taiwanese Businesses

在先前的章節中，我們探討台灣企業家如何利用冷戰時期和中國大陸改革開放的歷史契機，實現企業的迅速成長和壯大，並在加入世貿組織後的中國大陸市場取得共同進步，發展成為國際知名的企業。然而，隨著企業規模擴大，台灣的家族企業也逐漸暴露出結構性的治理問題。本章將聚焦於永大機電的案例，深入分析台商在面臨外來併購挑戰時的處境，探討家族企業的治理品質如何影響併購案的進展，並提出有效的應對策略，以供後來者參考和借鑑。

上海永大工廠今昔對比

上海永大電梯於 1995 年開始建廠，分三階段陸續擴張與修繕。以下照片為不同階段的對照。（1a、2a、3a 攝於 90 年代；1b、2b、3b 攝於 20 年後）

1a

1b

2a

2b

3a

3b

2010 年建成永大天津廠

2014 年建成永大四川廠

在本書前兩章中，我們深入探討了台灣企業家如何在二戰後的冷戰時期，把握住美國遏制共產國際擴張的契機，實現台灣經濟的顯著成長。隨著中國大陸改革開放的初期挫折（一九八九年天安門事件），台灣企業家敏銳地掌握時機，大舉進入大陸市場，成為外資的重要組成部分。尤其值得注意的是，台商成功搭上中國大陸於二〇〇〇年加入世界貿易組織（ＷＴＯ）後經濟快速成長的列車，不僅促使他們能利用大陸廣闊的市場與充沛的人力資源，快速擴大企業規模，還使得他們能與國際上的頂尖企業競爭。

然而，台資企業在大陸快速成長的過程中，也暴露出自身結構上的問題。隨著企業規模擴大，原本中小企業的靈活治理模式已不再適宜。既有模式對新形成的大型企業集團來說，反而變成阻礙，因為它們需要更龐大的資本、更穩健和結構化的公司治理機制，來應對激烈的競爭環境和市場挑戰。

在接下來的第三章和第四章中，我們將透過具體案例，展示台商在外部環境和內部結構上所面臨的挑戰。這些案例將涵蓋從市場策略到企業治理的多個方面，包括如何應對外界挑戰並且保持競爭力，以及如何在經營擴張中保持組織的穩定和效率。我們將探討可能的解決策略，並提供對台商企業永續經營的寶貴見解。這些案例和策略的討論，將有助於台商企業更好地適應全球化挑戰，並在瞬息萬變的國際市場中取得成功。

一、門口來了個野蠻人！外資企業的敵意併購

（一）什麼是「門口的野蠻人」？

「門口的野蠻人」（Barbarians at the Gate）是一個商業和金融界常用的比喻，指的是在企業收購或合併過程中，外部投資者或公司試圖接管一家公司，特別是透過敵意併購。這個詞語常用來形容試圖強行接管公司的投資者或團體，他們被看作是對企業文化或傳統的威脅。最著名的案例是一九八〇年代末期的雷諾納貝斯克（RJR Nabisco）公司的收購案。這次收購戰成為當時最大的敵意併購案例，是金融史上一個重要的事件。關於這個案例的詳細描述，被記錄在布萊恩．伯瑞（Bryan Burrough）和約翰．赫萊爾（John Helyar）的著作《門口的野蠻人：當肥貓執行長遇上企業禿鷹》（*Barbarians at the Gate: The Fall of RJR Nabisco*）中。這本書深入探討雷諾納貝斯克的收購過程，揭示當時華爾街的投機行為和財經政治的複雜性。[1]

這個案例展示了一九八〇年代企業買賣的泡沫和過度操作槓桿的趨勢。雷諾納貝斯克的收購案例通常被視為一個學習企業金融、收購策略和企業治理的案例。這個案例還揭示了當時公司管理層和股東之間的緊張關係，以及在大型收購中可能出現的道德和法律問題。

「野蠻人」的出現，代表因企業內部治理問題進而引來敵意併購，並將對被收購企業經營造成深遠的影響，主要因應措施包括：

1.經營策略的調整與多元化

當企業面臨敵意併購威脅時，管理層往往需要迅速而深入地調整其經營策略，以保護公司的獨立性、維護股東利益。這種策略調整可能包括一系列綜合措施，旨在強化企業的市場地位，並提升整體價值。

(1)成本削減和業務優化：為了提高效率和盈利能力，企業可能會採取削減不必要的成本和優化業務流程。這可能包括縮減營運開支、合理化產品線、提高生產效率等。

(2)出售非核心資產：為了集中資源於核心業務並提高財務靈活性，企業可能會出售那些不再符合長期戰略的資產或業務單元。

(3)反收購策略：在某些情況下，企業可能會採取反收購策略來保衛其獨立性。這可能包括收購潛在收購者的股份，或是尋找其他投資者作為「白衣騎士」，以創造更有利的股權結構。[2]

2.重視與提升股東價值

在面對敵意併購的情境中，公司管理層往往會將重心轉向強化股東價值，以建立防禦機制阻擋潛在收購企圖。為此，他們可能會採取一系列策略來提升公司股價，從而使收購變得更加困難且成本昂貴。

(1)**增加股息發放**：增加股息發放是常見的策略之一，透過提高股息，公司能夠吸引更多投資者、提升股東滿意度，並有助於穩定股價。此外，股票回購也是一種有效的策略，透過回購市場上股份，公司可以減少流通中的股票數量，從而提升每股價值。

(2)**積極的業務計畫**：管理層還可能會公開宣布一些積極的業務計畫，如新的市場擴張策略、創新的產品開發、重大的合作夥伴關係等，以提高投資者對公司未來增長潛力的信心。這些舉措能夠提升市場對公司的正面看法，進而提高股價。

(3)**強化公司內部治理**：強化公司內部治理和提升營運效率，也是提升股東價值的重要手段。管理層也可以進行業務精簡和重組、削減不必要成本，並優化資源配置，以提高公司總體獲利能力。

3.緩解企業文化與員工的心理衝擊

當企業面臨敵意併購威脅時，這種外部壓力往往會對企業文化產生深刻的影響，尤其是對員工心理和士氣造成顯著衝擊。在這種情況下，員工可能會感受到強烈的不安全感和不確定性，對於未來職業發展、職位穩定性，甚至是日常工作環境的持續性感到擔憂。

這種不確定性氛圍可能導致員工士氣下降，進而影響工作表現和生產效率。在某些情況下，優秀員工可能會選擇離開，尋找更穩定的工作環境，從而引發人才流失問題。此外，這種不確定性還可能對企業內部溝通造成障礙，增加員工焦慮與彼此之間的猜疑。

在這樣的壓力下，企業管理層需要採取積極措施，來維護良好的企業文化和員工士氣。相關措施可能包括：加強內部溝通、及時向員工傳達關於收購情況的透明訊息，並確保員工了解他們在公司中的價值和未來的發展機會。

4. 治理結構的強化與改革

在面臨敵意併購威脅時，企業為了保衛自身獨立性和現有管理層的穩定，經常會尋求強化和改革其治理結構，包括採取一些特定的防禦措施，例如實施「毒丸計畫」(poison pill strategies)。[3]除此之外，企業也可能選擇重組董事會，透過引入更多對現有管理層有利的董事成員，或是增加獨立董事的比例，來提高董事會的獨立性和決策的客觀性。這樣的重組有助於確保董事會能夠更有效地代表所有股東的利益，並在面對收購威脅時保持堅定的立場。

此外，企業還可能採取其他治理改革措施，如改善內部控制系統、加強股東權益保護、提高透明度和責任感等，以提升整體的治理品質。這些措施不僅有助於防禦敵意併購，還能夠提高企業的營運效率和市場信譽，從而在長期中促進企業的穩健發展。

5. 短期與長期戰略的權衡

當企業面臨敵意併購的直接威脅時，管理層會將焦點轉向短期策略，以防範即時的收購風險。這種策略可能包括快速提升股價、加強現金流管理，或者透過各種緊急措施來增加公司的市場價值。雖然這些措施有助於短期內抵禦收購，但可能會導致企業忽視在長期戰略方面的規劃。

專注於短期目標可能會使企業放棄長期投資，如研發創新、人才培養和市場擴張等方面的機會。這種策略雖然在當下提供防禦，但可能會削弱企業在未來的競爭力和成長潛力。此外，過度專注於短期利益，還可能導致企業文化和價值觀的偏離，影響員工的士氣和對公司的忠誠度。

因此，企業在應對敵意併購的壓力時，需要在短期行動和長期發展之間找到恰當的平衡。這意味著在制定防禦策略的同時，還需考慮如何維持企業的持續發展和長期競爭力。理想的做法是將短期防禦措施與長期戰略規劃相結合，確保企業能夠在當前的挑戰中保持穩健，同時為未來的成長打下基礎。

6. 市場競爭能力的提升

面對敵意併購威脅，企業往往會被迫重新評估其在市場上的競爭能力，這個過程有時會成為推動創新和改革的關鍵動力。在這種壓力下，企業可能會更加積極地尋求開發新產品、探索新的市場領域，或實施創新策略來提升自身的競爭力。

這可能表現為加快研發進程，以創造具有競爭優勢的新產品或服務。同時，企業也可能會尋找新的市場機會，比如進軍國際市場或開發新的客戶群體。

總而言之，雖然敵意併購威脅對企業來說是一個挑戰，但它也可以成為一個重要的契機，激勵企業進行必要的改革和創新，增強其在市場上的地位和競爭力。這種變革和創新不僅有助於短期內抵禦收購風險，也是企業持續發展和保持市場領先地位的關鍵。

（二）為何野蠻人選擇來敲台商的門

以上所述防止野蠻人來敲門的因應措施，都是正常的戰術做法。然而在接下來案例中的因應做法，卻與正常的企業防止併購做法大相徑庭，甚至可說是完全背道而馳，進而一步步走向被併購的命運。

野蠻人的故事並不只限於遙遠的美國與歐洲。隨著全球化發展，資本的全球擴張也來到了東亞，特別是被視為全球企業必爭之地的中國大陸市場，而台商也被野蠻人視為狩獵目標。

永大機電工業股份有限公司（Yung-ay Engineering Co., Ltd.，簡稱永大機電）的成長故事，不僅是二次大戰後台灣資本發展的經典案例，更深刻反映出台灣企業如何在冷戰時期的東亞政治情勢和經濟環境中，藉由創辦者家族與日本企業之間的跨國合作，實現顯著的成長與發展（永大機電的成長故事，也是筆者——許作名的親身經歷，為避免閱讀上的混淆，本章筆者將以第三人稱視角敘事）。永大機電的發展歷程，大致可分為以下幾個階段：

1. 早期發展與日本聯繫

許氏家族為台中外埔望族，在大甲、外埔一帶擁有相當數量的田產。許家兄弟許天催、許天奎在日治時期曾先後擔任外埔庄庄長。家中最年幼的許天德為地方上著名文人，亦從事鳳梨貿易。許天德之長子許雲章在日本就讀學習院大學時結識日本政界聞人頭山滿之子頭山泉、頭山秀三，許天德也因此與頭山滿交好。許氏家族與日本頭山家族之間的這層緊密關係，在許家後代事業發展中扮演了關鍵角色，所以在大甲、外埔的許氏家族，天生就有政治、商業的基因與薰陶。

永大機電的創立與發展故事始於一九六六年，在電梯行業中，永大機電可說是樹立了一個重要的里程碑。作為台灣第一家能夠涵蓋電梯全產業鏈——從開發、設計、製造、銷售到安裝和維修的一體化製造商，永大機電在當時的台灣市場上獨樹一幟。

永大機電的前身是「永太行」，由於創辦人許雲霞（許天奎之子）的家族關係與日本留學經歷而從事對日本的機械設備貿易業務，為永大機電與日本企業之間的合作奠定了基礎。其第一桶金的來源在於，許氏家族為台灣地主，因國民政府施行的「三七五減租」、「耕者有其田」政策，被政府強收土地而換取股票，許氏家族進而賣股換資金，再加上投入自有資金而來。尤其是初期代理日立的電話交換機與火車頭，開啟了永大機電與日立長期的深入合作。雙方的合作遠超過單純的產品代理層面，日立不僅授予永大機電先進的技術和製造的專業知識，還在永大設立的電梯製造工廠中直接投資。這一戰略投資不僅加強了雙方的合作關係，並進行國際分工，永大機電幫日立製作某些部件（OEM的代工），也標誌著永大機電在技術和市場開發方面的顯著進步。

2.品牌建立與市場拓展

永大機電的品牌建立和市場拓展策略，在一九八七年達到一個重要的轉折點。同一年，永大機電推出了自主品牌YUNGTAY，標誌著公司從單純的代理和代工業務，轉向在台灣市場的獨立行銷和品牌建設。這一舉措不僅增強了永大機電在台灣市場的能見度，也展示了其向全面電梯解決方案轉型的決心，更彰顯出創辦人許雲霞與第二代接班人許作立、許作佃的睿智。

永大機電逐步掌握了電梯核心軟硬體的製造能力，憑藉著高度的零件自製率和卓越的產品設計能力，永大機電在台灣電梯製造行業中確立了技術領先地位。這種自主研發和自主生產能力的提升，不僅提高了產品品質和客戶滿意度，也增強公司在市場上的競爭力，成為當時台灣

許天德、許雲章與頭山滿、頭山泉等人於頭山家宅合影。

前排中坐者為頭山滿，是20 世紀初日本右翼政治領袖，創辦秘密社團黑龍會，並與孫中山交好，大力支持革命黨。前排左二為頭山泉，頭山滿次子，頭山家族第二代家主。

後排右一為許天德長子許雲章。許雲章與頭山泉、頭山秀三相識於學習院大學。前排右二為許天德，許天德是許家來台第三代天字輩第五房，號眉山主人。曾任外埔庄協議會員，後經營大甲鳳梨罐頭商會，在本照片中可看到許天德與頭山家族的交情甚篤。

許氏成員與頭山秀三於「植物愛」碑前合影。

「植物愛」碑位於許天德經營之鳳梨園附近，立於1937 年（昭和 12 年），正面由頭山滿題字，背面由許天德撰文。

第二排左三為頭山滿三子頭山秀三，曾涉及刺殺首相犬養毅的「五一五事件」而入獄。第二排中間女性為許天德元配許林月，右二為許天德次子許雲龍。

外埔許家成員合影

前排中右為許天德，中左為許天德元配許林月，中間為許天德么子許雲岑。後排左一為許天德長子許雲章，後排中為許天德次子許雲龍。

後排右二為許雲霞，是許家天字輩第二房許天奎次子，曾任第二任外埔庄長，並於 1966 年創辦永大機電公司。

電梯界的龍頭。永大機電的這一策略轉變，使得公司能夠更好地掌握市場動態，靈活應對客戶需求，而不是受制於日本日立公司，並在台灣本土市場以及日後的國際市場中打下穩健的基礎。事實上，台灣很多企業自一九九〇年代起，都從ＯＥＭ製造業或技術合作、逐步透過自身的研發與精進製造能力，進而自創產品與品牌行銷全球，例如：宏碁（Acer）、華碩（ASUS）電腦、正新輪胎（MAXXIS）等等，這是奠定後來能在全球市場站穩的主要基石。

3. 進入中國大陸市場與挑戰

永大機電在一九九三年邁出了進軍中國大陸市場的重要一步。經過台灣經濟部投資審查委員會的批准，永大機電利用其在香港的子公司永弘有限公司作為跳板，成功進入上海市場。正如同第二章所述，台商在一九八九年後大舉投資中國大陸。永大機電拒絕日立在廣州合資成立新公司的提議，獨資成立了上海永大機電工業有限公司（簡稱上海永大），這是永大機電實現地域擴張和國際化戰略的關鍵舉措。

創業初期，上海永大延續在台灣的經驗，採取銷售人員挨家挨戶上門找尋客戶的拓展業務方式。然而這樣的模式在幅員廣大的中國大陸市場遭遇到多重挑戰，特別是作為台灣企業，其自有品牌在中國大陸市場的知名度相對不足，甚至台灣的高階主管還說出「騎摩托車上門比較快」的想法。現在看來，那時台灣對中國大陸的廣大市場非常沒有概念，也缺乏現實感，加上激烈的市場競爭，尤其是與國際知名品牌競逐，使得其業務發展不如預期，甚至一度考慮撤資。然而，永大機電創辦人許雲霞在一九九六年做出一個戰略性決策，透過引入日立的資金投資，讓日立持有上海永大二六％的股權，並創立聯合品牌（永大日立）。這一舉措立即引發家族第二代許作立的異議，但終究是市場說了算，上海永大獲得使用「永大日立」品牌的權利，日立也持有上海永大二六％股權。在品牌效應影響下，永大在中國大陸市場的競爭力和知名度獲得顯著提升。

借助日立品牌的力量，上海永大逐步在大陸市場站穩腳步，但還是年年虧損。到了一九九九年，創辦人第二代副董事長許作立派新團隊全面進駐上海，因為當時永大繼承日本企業的一些傳統，員工能到海外歷練，回母公司就有高升的機會，導致在二〇〇〇年之前，每組人員去了上海後，團隊與母公司的關係就變得非常緊張，很難建立團隊合作，更多的是掣肘。母公司害怕上海的團隊回國升遷，會侵占其職位，因此在一九九九年新團隊的副總許作名建議下，全面切斷外派回台的念頭，不要想著回台升遷，而是專心致力上海永大事業，並取得永大機電的技術支援，成功擴展大陸市場。這一策略的成功不僅展示出永大機電在面對市場挑戰時的靈活應變能力，也證明其在全球化背景下的適應能力和市場洞察力。上海永大不僅在中國大陸市場建立了自己的地位，也為永大機電在國際市場上的擴展奠定基礎。

4. 面對競爭與快速成長

上海永大擁有在電梯製造和自動控制技術方面的專業能力，使其能夠在全球化市場與知名的國際電梯製造商競爭。特別是在二〇〇〇年後，隨著中國大陸加入世界貿易組織（WTO），利用充分而便宜的勞動力導入出口業務，取得大量的外匯，並轉換成人民幣而流動性大增，以及北京政府放棄「公房配給」政策，開展商品房自由買賣，也可「按揭」買房（貸款），房地產市場得以快速增長，上海永大迎來了快速發展和擴張階段，業績在短時間內實現了飛躍性增長。

到了二〇〇六年，上海永大在中國大陸電梯市場中的地位已經顯著提升，市場占有率躍升至第六名，這意味著它已經能夠與全球頂級電梯大廠奧的斯（OTIS）、通力（KONE）、三菱、日立和瑞士迅達（Schindler）等國際知名品牌互相較量。這一成就不僅顯示了上海永大在技術和製造方面的實力，也體現了其在市場洞察、品牌建設和客戶服務方面下了大功夫，全面瞄準市場定位，貫徹執行。許作名回憶，深入了解共產黨的政策以及中國政府在黨的意志下如何執行市場化，是當初外資與台商最需要理解的主要課題，上海永大在當時花了很大的力氣做足功課。

永大機電的發展故事深刻體現了一家台灣企業如何透過國際合作，在特定的歷史和政治經濟背景下成功轉型。從一家地方性企業透過中國大陸的大市場，蛻變為國際級的大公司，永大機電充分利用了一九九〇年以後中國市場蛻變的機遇，特別是與日本企業的合作為基礎，以及把握中國大陸巨大市場機遇轉而研發自主與自創品牌，來促進自身的成長和發展。然而，隨著朝向成為大型企業的目標邁進，它也遭遇了新的挑戰，特別是面對潛在「野蠻人」的敵意併購時。這種挑戰反映出一個普遍的商業現象：企業愈成功，它面臨的外部威脅和內部管理挑戰也愈大。這些挑戰要求永大機電在繼續發展的同時，也需要策略性地防禦可能的收購威脅，並維持其市場領導地位和獨立營運的能力，正是所謂「禍兮福之所倚，福兮禍之所伏」。

二、收割者：代理商與原廠利益的矛盾

「代理商就像在幫人家養小孩，養得好，人家就收回去自己養；養不好，人家就換別人養；而自己生小孩養，可能就觸犯天條。」

代理商的經營之路，經常與原廠充滿複雜且微妙的動態關係。一方面，他們期望透過代理知名品牌來促進自身的成長和發展；另一方面，一旦代理品牌在市場上取得成功，他們又面臨著母公司可能提高權利金或直接收回代理權的風險。這種情況對代理商而言是一大挑戰，因為他們在品牌建設和市場開拓上的投入，可能最終惠及的是原廠而非自己。當然，如果代理商想

自己生小孩來養，那情況又會變得更加複雜了。

台灣市場上出現過多起這樣的案例，例如賓士、馬自達等品牌，曾因代理商的成功經營而被原廠收回代理權，改為自行經營。最近一個知名案例是行李箱品牌 RIMOWA 的代理權之爭，深刻反映出代理商與原廠之間的微妙關係。

對代理商來說，這樣的情況既是讚賞他們成功經營的證明，也是一個挑戰，因為他們必須不斷適應市場和合作關係的變化，並尋找新的成長機會。這意味著代理商在經營品牌時，不僅要專注於當前的成功，還需要為未來可能的市場變化和品牌策略調整做好準備，永大機電與日立製作所的關係就是代理商與原廠利益矛盾的典型案例。當然，永大機電與日立製作所一路以來的矛盾則是更為複雜。

上海永大與日立合作後的快速發展和市場擴張，引起日立電梯（中國）在廣州的管理團隊的關注和擔憂。他們向日本日立總公司反映了自己的顧慮，指出上海永大利用日立品牌名義進行銷售活動，這已經對日立電梯在中國大陸市場的占有率造成顯著的不良影響。在這樣的背景下，隨著永大與日立之間的十年合資協議在二〇〇六年即將到期，日立意識到上海永大在市場上的強勁勢頭及巨大的潛力。為了在中國大陸市場保持競爭力並進一步擴大其影響力，日立提出向永大機電收購上海永大的計畫。日立的這一舉動旨在直接控制中國大陸市場日益增長的電梯銷售，並有效管理在中國大陸市場上的品牌競爭。尤其當時中國大陸電梯市場，占全球電梯新梯需求量約六〇%至七〇%的比例，市場體量巨大，全球電梯大廠競爭自然激烈。

上海永大的業績蓬勃發展，使其成為母公司永大機電的主要收入來源之一，對於許氏家族來說，上海永大無疑是一隻閃閃發光的金雞母。即使面對當初給予永大機電支持的日立製作所的收購企圖，許氏家族依然堅決反對放棄對這個業績卓越的子公司的控制權。因此，創辦人第二代晉升為董事長的許作立決定，讓上海永大從日立影響下百分之百獨立出來，維護母公司永大機電的主導地位。這一決定引發日立高層的強烈不滿，導致日立採取更積極的策略，開始暗示將對母公司永大機電進行敵意併購。日立此舉旨在獲得對上海永大更直接的控制權，以鞏固其在中國市場的地位。這種敵意併購的企圖，反映出日立對上海永大業務的高度重視，也顯示出在國際業務競爭中，即使是長期的合作夥伴也可能出現利益衝突。對於許氏家族而言，這不僅是對其商業智慧的考驗，也是對處在快速變化的全球市場中，其策略應對能力的挑戰。

面對日立的敵意併購，許氏家族迅速採取行動來保衛他們在上海永大的控股權。在董事長許作立的授意下，上海永大總經理許作名尋找國際知名的奧的斯電梯公司作為他們的「白衣騎士」。當初有眾多企業都表達可擔任救援的意願，包括世界各大電梯品牌都相繼主動接觸。透過引入奧的斯作為投資者，許氏家族在二〇〇六年成功地阻擋了日立對上海永大的控制意圖。

經過一系列的談判，地點不只在上海，還擴及東京、台北與香港。許作名當時背負巨大壓力，讓他看見機場就感覺噁心想嘔吐，可見當時談判過程之艱辛。永大機電最終在二〇〇七年與日立達成一項重要協議。永大機電成功回購日立持有的上海永大二六％的股份，使得上海永大完全回歸到永大機電的控制之下，成為其百分之百的子公司。這一舉措不僅展現了永大機電對業務的堅定信念，以及對未來發展路徑的清晰規劃，同時也顯示了公司在面對全球市場競爭時的策略應變能力。透過這次關鍵的行動，永大機電更為其在中國大陸市場的未來發展鋪平道路，證明了身為國際競爭者的地位和能力。

儘管永大機電在引入奧的斯作為「白衣騎士」來抵禦日立的收購中取得了成功，但陰影隨之而來，雙方在確定未來合作模式上出現分歧，導致關係開始緊張。根據時任上海永大總經理許作名回憶，奧的斯期待與永大機電進行更深入的合作，來作為「白衣騎士」的回報，特別是每年年中與年底，他們都希望能與董事長許作立進行面對面的商談。然而，許作立多次迴避商談，使得許作名身處兩難之間，難以滿足奧的斯的期望。這在國際集團的協商合作上，顯得頗為難堪。

原先引入「白衣騎士」的用意，照一般原則判斷，不外乎先用騎士的協助來換取二至三年的時間，讓經營者能夠回購股票並確立一定份額的股權，防範「白衣騎士」與野蠻人們的侵略。然而，由於許氏家族第二代早在日立釋放敵意併購的信號之前，便已出現高度理念分歧，弟弟許作佃陸續將股份全面出脫，並指示兒孫不准過問永大任何事宜；而許作立在「白衣騎士」與「門口的野蠻人」事件後，由於個人因素，不僅未增加股權防範被收購，反而售出手上百分之十的股票。許作立邀請奧的斯的援助，只是為了一時抵擋箭在弦上的併購危機，並未考慮到所引入的白衣騎士代表的實質作用與對方的訴求，不僅反向售出股票的行徑令人不解、奧的斯也對該經營者表現出缺乏溝通與合作意願的狀況逐漸產生不滿，他們開始質疑永大機電是否真的具備合作誠意。這不僅使得原本作為救援角色的奧的斯與永大機電之間的關係變得複雜，也為許氏家族未來可能發生的內部紛爭埋下伏筆。這一事件也反映出，在商業合作中，僅僅確定戰略方向並不夠，雙方還需要在執行層面達成共識，並且保持開放、持續的溝通。

在永大機電與「白衣騎士」奧的斯的合作過程中，奧的斯擁有明確策略，打算先持有九．五%股權幫助許氏家族穩住持股不足的局面，並占有能夠震懾日立或其他大股東的一席之地，再來一步一步談合作，例如：品牌區隔、技術合作、國際分工、提增人均效益與效率等等，總體能提高綜合效益（synergy）的項目。相較之下，永大機電則並未有切實的規劃。當家族企業缺乏營運決策透明度與溝通管道，維持內部和諧與外部合作關係的機制都付之闕如，自然會損壞合作夥伴的信任，進而引發家族與公司內部的矛盾，這對家族企業而言是個致命的問題，公司被全面併購的風險自然急遽升高。

三、家族內鬨引來野蠻人入室：永大案例

日立試圖收購上海永大未果後，為了增強其在中國大陸市場的競爭力，開始採取更為激進的市場策略，亦即透過低價格策略快速擴大市場份額。此一策略對上海永大造成巨大壓力，導致其市場份額急遽下滑，從原先的第五名跌落到十名之外。上海永大面臨著前所未有的挑戰。

然而，在二〇〇八年美國次級房貸危機引發的全球經濟衰退期間，上海永大作出了大膽的戰略決策。當時，許多國際大型企業都以謹慎行事為原則，不敢大量接單，彷彿全球經濟都面臨末日一般。上海永大總經理許作名洞察到中國大陸金融市場和外匯市場相對封閉，因此判斷金融風暴對中國市場的影響有限，加上當時中國國務院總理溫家寶提出四萬億資金投入市場基建。基於這一判斷，上海永大決定逆市擴張，無視金融風暴，大膽接單並在天津設立新工廠以增加產能。

這一策略為上海永大帶來了令人矚目的成果。經過一段艱難的調整期，約兩年後，公司業績逐漸穩定下來。在接下來的五年中，上海永大的成長率持續快速攀升，特別是得益於中國大陸政府推出四萬億元人民幣的財政刺激計畫，房地產市場迎來了新一輪的繁榮，上海永大乘勢而上。到了二〇一四年，上海永大在兩岸的合併營收達到了兩百三十八億元新台幣，上海永大占集團公司七五%左右的份額，電梯出貨量達到了兩萬三千台，成功地將自身打造成為全球電梯製造領域的一個重要競爭者。

上海永大的卓越表現，推動了永大集團在大陸市場的快速發展，使其在二〇一四年躍升為全球電梯行業營收前十大的公司之一。[4]然而，隨著企業的迅速擴張和管理層之間理念的分歧，永大集團管理階層內部開始出現矛盾。矛盾的遠因是經營理念的差異。二〇〇六年永大與日立在中國大陸的紛爭結束後，永大機電董事長許作立對企業經營的態度轉為保守，且擔心上海永大愈成功發展，愈會引起野蠻人（奧的斯與日立）的窺視，而上海永大總經理許作名卻認為，應該把握這兩至三年的機會擴張。此外，許作名與作為「白衣騎士」的奧的斯之間的關係（雙方每年均有兩次餐會），也讓許作立感到不安。隨著上海永大在二〇〇九年之後對整個集團營收的貢獻愈來愈大，為了掌握這個重要的子公司，許作立選擇在二〇一五年將許作名調回台灣總部。由於總部營業規模遠遠小於上海永大，本質上就是「明升暗降」的人事安排，並且禁止許作名過問上海永大的營運。因此，帶領上海永大從二〇〇〇年攀登高峰的原總經理許作名選擇退休，於二〇一七年離開永大機電。

許作名的離職，對永大集團產生了深遠影響。母公司永大機電隨後在上海永大任命缺乏業務背景、且業績欠佳的經營者，導致多年合作的銷售商紛紛離去。此外，台灣總部決定收縮部分在上海的業務，進一步導致多名技術人員和中高層管理幹部離職，這一連串變化對上海永大業績造成嚴重打擊，二〇一八年時，在大陸的市占率滑落至二％以下。

永大機電的案例，揭示出台灣家族企業在股權與經營權之間不成比例的顯著弱點，尤其是在面對外部併購威脅時。身為家族公司經營者，董事長許作立持有股份僅占四．五七%，低持股比例讓公司面臨著潛在的被併購風險。日立作為長期的股東，非常熟悉永大機電的股權結構，只是一開始對二代接班的弟弟許作佃究竟有多少實力感到諱莫難測（許作佃曾是股市有名的投資大戶）。日立在二〇〇五年準備收購上海永大時，就曾威脅要併購台灣母公司永大機電，雖然在二〇〇七年的併購嘗試未果，但他們的收購態度始終未曾改變。

日立在評估併購戰略時，可能考慮到許氏家族在台灣資本市場可能的操作手法，例如許作立、許作佃可能會在市場上公開收購來增加家族控股，或者家族透過數家投資公司分散持股。然而，由於日本人對台灣資本市場的規則與情況尚未熟悉，日立選擇暫時觀望，等待更明確的機會。就在許作名離開永大、許氏家族內部發生矛盾之際，日立發現併購行動的絕佳時機已然到來。他們意識到，儘管許作立是董事長，但實際控制的股權遠低於一〇%，在股權結構上明顯脆弱。

上海永大的前主要幹部離職後，前往台灣最大的開發商寶佳機構求職。寶佳副董事長林家宏得知許作名以及公司主要幹部皆離職，感到非常詫異，並透過這些幹部了解永大機電股權問題後，主動聯繫許作名希望建立合作關係。他提出「台灣企業，台灣人來經營」的理念，林家作為永大機電大股東，希望能夠保住許氏家族的經營權。林家宏隨後買入大量股票，也鼓勵許作名購買股票。與此同時，永大機電董事長許作立也開始意識到自己持股比例過低的問題，為了繼續持有許家經營權，許作立開始尋找盟友來鞏固自身地位。然而，由於許作立過去的一些決策與行為，使得一些可能的盟友，如奧的斯，選擇觀望。

因此許作立能選擇的方案不多，其實也只能與日立合作形成公司派。在二〇一八年六月的股東大會上，儘管公司派成功保住經營權，但已經無法阻止日立對永大機電的進一步收購行動。對永大機電而言，這無異是在引狼入室：二〇〇六年奧的斯入股，就是狼群徘徊觀望；及至二〇一八年，這次狼真的來了！

在永大機電的收購戰中，迅達和奧的斯在六月之後均顯示出加入收購競爭的興趣，意圖成為這場戰役的關鍵玩家。然而，當時的董事長許瑞鈞（許作立之子）卻透露一個重要訊息：許作立並無意願與歐美企業合作，最終，日立成為永大機電的最大股東。

隨後在十月，日立正式宣布將投資約新台幣七十四億元，公開收購永大機電股票，這一舉措顯示日立對於加強在台灣市場影響力的堅定決心。同時，日立也公開了與許作立達成的協議內容，確認將收購其所持有的所有股權。

二〇一九年一月，日立宣布一項重要收購計畫，打算以每股六十元的價格收購永大機電至少二一．六六%的流通股份。然而，這一計畫遭到股東派獨立董事陳世洋的反對，陳世洋認為日立提出的價格低估上海永大的真實價值，而且此價格低於奧的斯先前提出的六十三元每股收購價。在他的反對壓力下，日立被迫將收購價提高至每股六十五元。

陳世洋進一步採取行動，在二月底提出於四月十八日召開股東臨時會，目的是全面改選董事會。這一舉措目的在於削弱日立收購計畫的影響力，即便日立的收購案如期在四月二十二日完成，也無法阻止臨時召開股東會及其可能帶來的影響。面對這一挑戰，日立試圖透過法律途徑阻止永大機電召開股東會，但其反對案最終遭到法院駁回，股東臨時會按計畫進行。

在永大機電的董事會改選過程中，寶佳、奧的斯、迅達三方展現了出人意料的實力。日立在收購的股份數量不如預期，且由於委託書不足，未能控制董事會的組成。結果，股東派成功獲得三席董事以及兩席獨立董事席次，從而取得公司的經營主導權。面對公司經營績效不佳和理念上的分歧，剛升任董事長的許瑞鈞選擇辭去職務。在這種情況下，許作名被選為新任董事長，這一改變標誌著公司治理和經營方向的重大轉變。[5]

許作名的上任，意味著股東派在公司內部的影響力獲得進一步提升。為了反制股東派的控制，日立提出一系列要求，包括將日立的人員安置在財務部門等關鍵職位等，然而這些要求遭到新任董事長許作名的堅決反對。這種對立狀態反映出雙方之間的互信已經崩潰，並且預示著公司內部可能出現更激烈的權力鬥爭。

這一連串事件凸顯了公司治理結構中，家族成員與外部投資者之間的緊張關係，並揭示了在多元股權結構下，各方力量如何在企業控制權上進行激烈博弈。許作名接任董事長一職，不僅改變了永大機電的經營和決策方向，也反映出家族企業在現代商業環境中面臨的挑戰，尤其是在股權分散和外部投資者介入時的複雜局面。

在永大機電的董事會改選戰中，日立雖然已擁有近四〇%的股權，但由於對台灣法規的不熟悉，未能及時有效地反應。股東派巧妙地利用了併購案法規生效的時間差，發動了一次突襲，成功地在董事會改選中取得了主導權。這次事件不僅是股東行動主義（此案例中行動主義是寶佳、奧的斯、迅達）在台灣的一個顯著案例，也凸顯企業治理中的複雜性，有關股東行動主義的論述，我們會在稍後談論。

股東派的成功不僅對永大機電的未來經營策略和市場地位影響巨大，也對永大機電與日立之間的未來關係造成不確定性。這次董事會改選的結果反映出，即使在股權分布上占有優勢，外部投資者仍需對當地法規和企業文化有深刻的理解和適應能力，才能在股權爭奪戰中取得優勢。

日立在永大機電董事會改選失利後，決定改變策略，轉而加大在公開市場上對永大機電股份的收購力度。為了吸引更多股東出售股份，日立曾提高每股收購價至七十二元，並於新冠疫情、全球經濟發生驟變期間，取得英國某一大基金的股權，透過這些方式一舉在永大機電的持股比例達到五〇%以上。到了五月，日立的持股比例已達到五〇．八八%，從而獲得了控制公司的絕對優勢，但花費的成本相當可觀。

二〇〇六年，日立原本是想收購上海永大，當初並未有全面收購母公司永大機電的想法。但是到了二〇一五年日立轉而全面收購永大機電，日立集團非常清楚地認識到，許氏家族在永大機電中持有的股份比例低，這成為他們制定收購策略的一個重要優勢。這裡凸顯家族企業的公司治理與商業判斷能力，決定了企業的命運。永大許氏家族在二〇〇六年阻絕日立，確實是成功的商業判斷，因為日後中國大陸的市場成長與上海永大的巨大發展非常成功。但是引進「白衣騎士」（奧的斯），就要非常謹慎地溝通與合作，並開始布局增持股權，以防範野蠻人再次入侵，甚至防範「白衣騎士」變為野蠻人。在永大的案例中，我們發現本章開頭提及教科書上應對併購的策略，全都沒有用上，只能加速推進被收購的局面，實為可惜。

二〇二一年二月，日立發動攻勢，讓其所支持的獨立董事召開臨時股東會，解職股東派獨董陳世洋，由日立提名的獨董成功補選，日立以優勢的五個董事席次取得經營權。三月，股東派支持的董事長許作名辭職。到六月，經過一連串積極的收購行動，日立的持股比例進一步攀升至七一．一%。最終在同年的十一月，日立宣布完成對永大機電百分之百的收購，正式將其納入為日立的全資子公司。這一轉變不僅顯著提升日立在中國大陸市場的占有率，也標誌著許氏家族在永大機電的經營和影響力的終結。

日立收購永大機電的過程和結果，成為台灣企業併購史上的一個重要案例，也成了台灣的大學商學院教學案例。但是如果這整個事件慢了五年發生，放在二〇二三年來看，以美國為首的西方眾多企業、加速分散風險從中國大陸移出，再加上中國房地產泡沫化，可能日立就不會選擇併購永大了。這一事件不僅反映了企業經營策略的重要性，也凸顯了家族企業在繼承、轉型和全球競爭環境中面臨的挑戰。

四、深度剖析永大併購案

（一）分析永大併購案的五個關鍵指標

在分析永大機電併購案的過程中，我們將重點放在兩大陣營和其中的五位關鍵行動者。這些行動者分別屬於公司派和股東派，分別是：

公司派：許作立、日立電梯。

股東派：許作名、寶佳機構（和築投資）、迅達（Schindler Group）與奧的斯（OTIS）。

為了對這些行動者的實力進行全面性評估和對比，我們採用五個關鍵指標來構建雷達圖。這些指標被認為是影響併購案成功與否的重要因素，包括「資金能力」、「股權控制力」、「併購企業熟悉度」、「產業熟悉度」以及「法規熟悉度」。

這種分析方法，能夠幫助我們更清晰地理解各方在併購過程中的優勢與劣勢，從而深入洞察整場併購戰的策略布局和可能結果。每個行動者在這五個維度上的表現，將直接影響他們在併購過程中的策略選擇和最終影響力。透過這樣的比較分析，我們能夠更全面地了解永大機電併購案的複雜性及其背後的動力結構。這五個指標詳見下頁表格：

針對二〇一九年一月的永大機電併購案，我們採用五個關鍵指標，來評估各方行動者的競爭力和策略應對能力。

首先，「資金能力」和「股權控制力」是衡量行動方在併購中的直接影響力的重要指標，反映他們在資源配置和股權操作上的能力。

其次，「併購企業熟悉度」是根據行動方對永大機電的了解程度來進行評估，其中包括他們是否為長期股東，或者是否曾在永大機電工作過，以此來衡量他們對公司內部營運和戰略的熟悉程度。

接著，「產業熟悉度」指的是行動方對電梯產業的認識，通常根據他們進入該產業的時間長短來判斷。

最後，「併購法規熟悉度」評估的是行動方對台灣併購法規的熟悉程度，這是透過查詢他們過往是否有違反併購法規紀錄，以及在過去併購案中利用法規

五大指標＼維度	A	B	C	D
資金能力（億元）	5～10	10～15	15～20	20 ↑
股權控制力（%）	5～10	10～15	15～20	20 ↑
併購企業熟悉度（年）	5～10	10～15	15～20	20 ↑
產業熟悉度（年）	5～10	10～15	15～20	20 ↑
法規熟悉度	不太熟悉	普通（照章行事）	熟悉	非常熟悉

進行策略部署的情況來確定。未有違規記錄界定為「B普通（照章行事）」，在過去併購案中，曾有違規紀錄為「A不太熟悉法規」，行動方曾在過去併購案使用法規進行策略攻防界定為「C熟悉法規」，行動方曾在過去併購案使用法規進行策略攻防超過五次界定為「D非常熟悉法規」。

這些指標綜合反映了參與併購行動方的整體實力和策略布局能力，是評估併購過程中各方優勢與弱點的重要工具。透過這樣的分析，我們可以更深入地理解永大機電併購案的複雜性，以及不同行動方在其中所扮演的角色。

(二) 對永大併購案中各行動者的分析

1. 許作立

許作立作為永大機電的經營者，擁有其獨特的優勢與面臨的挑戰：

優勢

深刻了解台灣電梯產業的運作和市場生態，能夠根據市場變化做出靈活的經營策略。作為永大機電多年的經營者，對公司的內部結構、運作方式及股權分布有深入的認識。公司的管理團隊主要由許作立信任的成員組成，這有助於確保決策的一致性和執行的順暢。

劣勢

資金實力有限，無法有效增加自己在公司的持股比例，這限制了他在股權爭奪中的能力。相對低的股權比例，使其在公司內部的影響力易受挑戰，尤其是在股東大會等關鍵時刻。也由於股權少、資金有限，以致當日立曾威脅過控股台灣永大機電後，其開始感受到對董事與高級經理人的不信任，尤其當公司業績愈好，其不安全感就愈高（因為野蠻人對併購興趣愈高、蠢蠢欲動），這體現在二〇〇七年至二〇一九年的高級幹部與許作立日常營運互動中，即使人人都表忠心，但卻琢磨著互相不被信任，只能打著各自的盤算。外資奧的斯、日立與迅達，事實上都是可以合作的對象，但由於許作立對歐美的企業文化有所排斥，最終選擇日立。

許作立

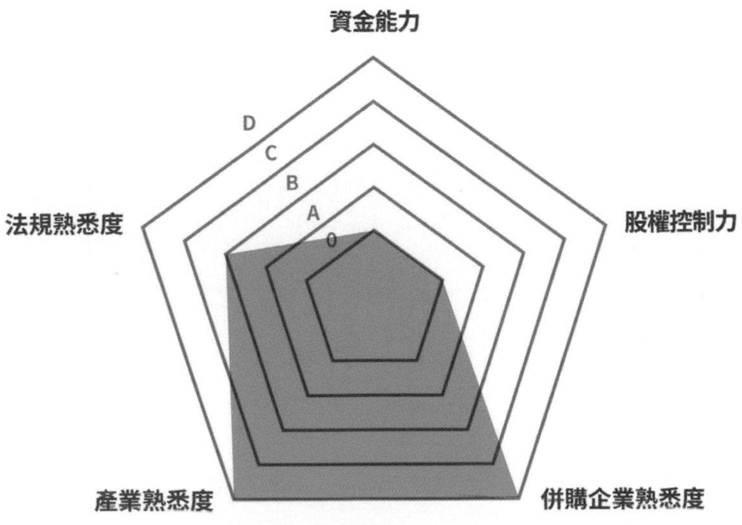

這些優勢與劣勢共同塑造出許作立在永大機電併購戰中的角色，影響他的策略選擇和最終行動效果。在股權爭奪戰中，他需要巧妙利用自身優勢來彌補劣勢，尋求保持影響力和控制權的策略。

2. 日立

日立作為永大機電併購案中的關鍵發動方，其策略和行動受到其自身優勢與劣勢的影響：

優勢

擁有充足的資金支持，使得日立能夠在併購過程中，進行大規模的股份收購。作為長期股東，日立是原始股東，且一直有董事席位，對永大機電的營運和內部情況有深入的了解。作為全球電梯市場上的重要廠商，

日立

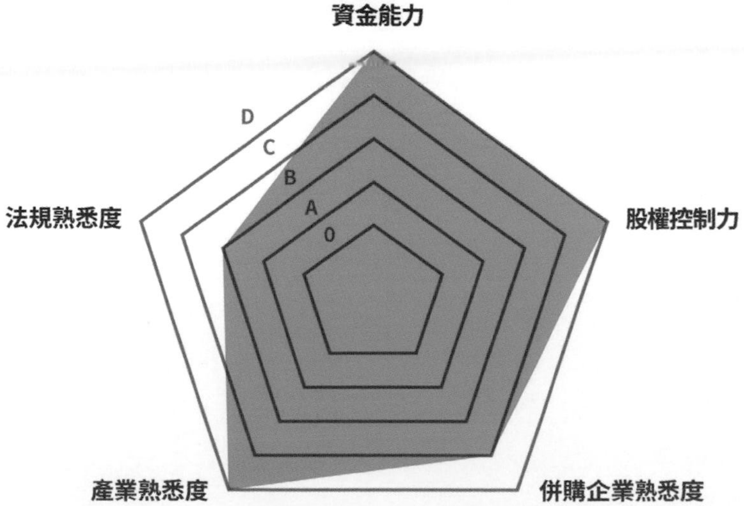

日立在行業內擁有廣泛的影響力和豐富的運營經驗。

劣勢

對台灣特有的併購法規和公司法不夠熟悉，這在併購策略制定和執行過程中可能導致不利影響，且在迅速變化的併購情境中，可能造成時機上的某些失誤。

日本在企業文化上存在著重視「面子」的情節，永大是日立集團在海外第一個設立的合資公司，內部上有種不允許集團第一家海外投資企業落入他人手中的說法，這可能在與併購方企業交涉時將自己處於不利的局面，造成股權收購的過度溢價。對具有「台灣特色」的企業股權結構理解不足，也影響了他們對於永大機電股東動態的準確把握。

3. 許作名

許作名在永大機電併購案中作為一名關鍵人物，其在這場爭奪中的角色和策略，受到自身優勢和劣勢的影響：

優勢

作為一名專業經理人，許作名對中國大陸與台灣的電梯市場有深入的了解，這有助於他在市場策略和業務擴展方面做出明智的決策。對永大機電的公司結構和股權分布有清晰的認識，這使他能夠在內部管理和股權操作上更加得心應手。作為具備高度專業素質的職業經理，能夠因緣際會接觸寶佳、奧的斯和迅達以及重要股東這樣的外部力量並作為盟友，這為他提供了額外的支持和資源。

劣勢

資金方面的限制使得他在股權爭奪戰中的行動受限，無法單獨對抗其他擁有更強資金實力的競爭者。雖然有一定的持股，但遠不足以單獨挑戰現有的董事會，需要尋求盟友來增強自己的影響力。

許作名在這場併購戰中，巧妙利用其市場和業務熟悉度，同時尋求外部盟友來彌補自己在資金和內部支持方面的不足（即後面會談到的MBO策略）。他的行動和策略也確實直接影響到永大機電的未來走向。

許作名

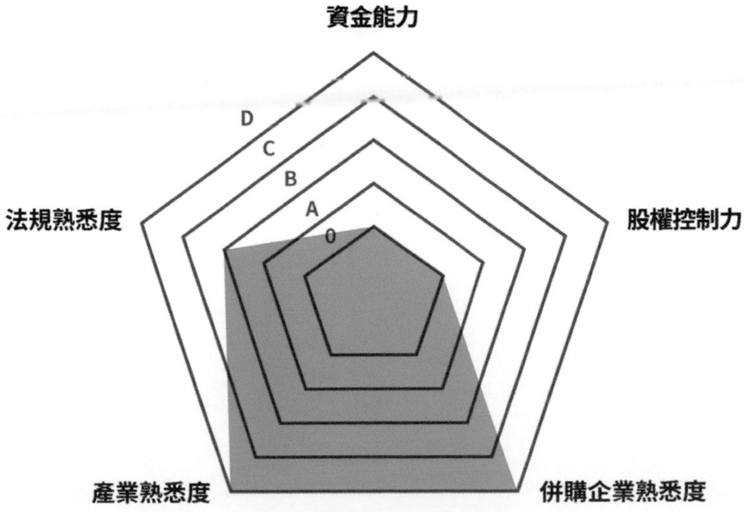

4. 寶佳

寶佳機構在永大機電的併購戰中，作為日立之外另一個主導永大機電經營權的重要行動方，擁有其顯著的優勢和一些劣勢：

優勢

擁有充足的資金支持，使其在併購過程中具有相當的競爭力。其持股量足以挑戰日立電梯作為第一大股東的地位。擁有豐富的併購經驗，這有助於在併購過程中制定有效的策略和執行計畫。擁有專業的法律和財務團隊，可以在併購過程中提供必要的支持和專業建議。即使最終未能成功併購，也具有靈活性，可以透過強力競價 (bidding) 出售持股獲利。

寶佳

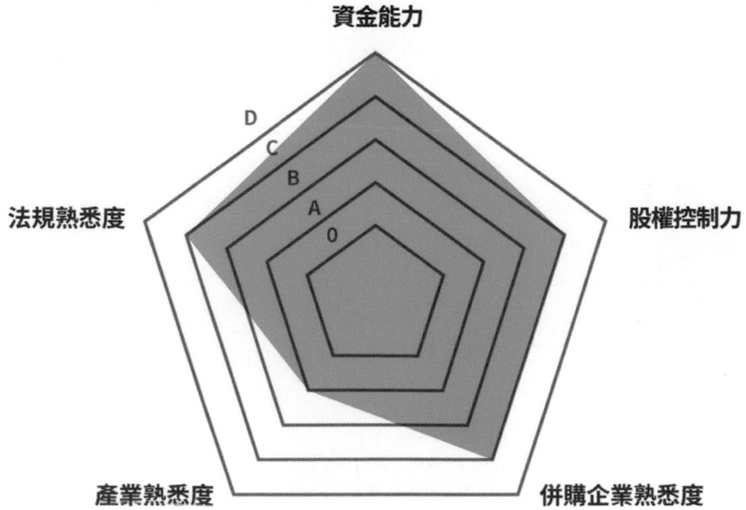

劣勢

對電梯市場的了解相對有限，缺乏在該行業的經營經驗。

寶佳機構的這些優勢和劣勢，共同決定其在永大機電併購戰中的角色和策略。它需要一個了解永大內部情形的盟友，並善用自身資金優勢和併購經驗，來彌補對行業和公司內部狀況的不熟悉，以期在這場併購中取得成功。寶佳的行動和決策，對永大機電的發展及其在市場上的地位產生重大影響。事實上，寶佳原先就是永大最大的客戶，而且寶佳在台灣投資界素有「股東行動主義者」的稱號。他們絕非禿鷹，他們的入股是對上市公司的激勵與監督，並期待對經營方能作資源整合，提高效率與效益，增進股東長期的回報與公司持續發展。但對控股權少的家族企業而言，是極具威脅的挑戰。

5. 其餘行動方（迅達、奧的斯）

股東派中的其他行動方：迅達和奧的斯，在永大機電併購戰雖然不是主要行為者，但是他們雄厚的資金與在電梯市場全球市占率與知名度（奧的斯全球第一，迅達第二），使他們成為本起併購案中不可輕忽的重要角色。他們的優勢和劣勢如下：

優勢

擁有足夠的資金實力，這使得他們在併購過程中具有較大的靈活性和競爭力。具備豐富的全球併購經驗，這有助於他們在併購過程中，做出精準且有效的策略決策。擁有專業的法律和財務團隊，可在併購過程中提供重要的專業支持和建議。即使在併購競爭中未能獲勝，他們仍能透過出售持股來獲取利潤，可謂進可攻退可守。

劣勢

缺乏對具有「台灣特色」的企業股權結構的深入理解，這可能在分析和適應永大機電的內部動態時造成挑戰，對永大的營運也沒有根基。

迅達和奧的斯的這些優勢與劣勢，共同影響他們在永大機電併購戰中的行動策略和結果，尤其在與日立針鋒相對爭奪併購條件時。如果股票價格合理，兩家公司都渴望併購成功，這樣在中國大陸的市占

奧的斯、迅達

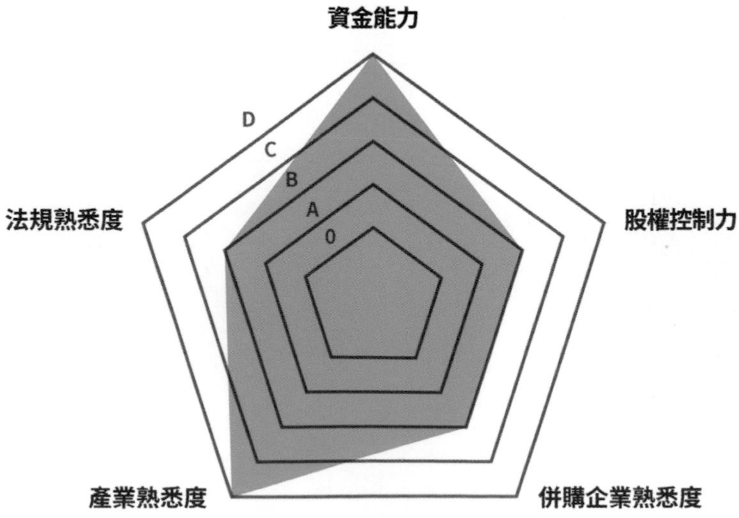

率就能穩保前三名，甚至是第一名。中國大陸電梯市場極具規模與潛力，二〇〇〇年至二〇二〇年更是全球最巨大的市場，因此併購永大（台灣與大陸）對任何集團公司的ＣＥＯ而言，都是極具誘惑力的選項。

五、企業如何應對敵意併購

（一）白衣騎士

在面對敵意併購威脅時，目標公司有時會尋求「白衣騎士」的幫助，即尋找一個友好的公司，來進行合併或作為新的收購者。如果這樣的救援行動成功，目標公司可能會被「白衣騎士」合併或其大部分股權被收購，從而顯著提高敵意併購者完成交易的難度或成本。

然而，尋找合適的「白衣騎士」並不簡單，其中存在許多複雜的因素。對於目標公司來說，短時間內找到一個合適的合作夥伴，可能是一個挑戰。而為了應急所選擇的白衣騎士，往往也有可能轉變為另一個門口的野蠻人，如二〇一八年龍邦集團援助泰山企業以擊退保力達集團併購挑戰的案例。[6]此外，目標公司在尋求外部救援時，需要特別注意董事的忠誠義務。這種合作雖然可能是友好的，但本質上仍是一宗併購案，並不會因為「白衣騎士」的角色而變得簡單。

在這個過程中，目標公司的董事可能面臨股東的嚴格審查。股東可能會質疑目標公司與「白衣騎士」之間的併購或合作，是否真正符合公司或所有股東的最佳利益。他們可能會擔心，這是否只是經營者為了抵制敵意併購而採取的策略，或者在與「白衣騎士」的談判過程中，目標公司是否過於依賴對方的支持，給予了過多的優惠條件，而這些優惠是否會以犧牲其他股東利益為代價。

因此，在尋求「白衣騎士」的過程中，目標公司需要謹慎評估所有選項，確保任何決定都是經過周全考慮，並符合所有股東的利益。

本章的案例中，「白衣騎士」投入永大作為持股九．九%以下、不需披露的股東，旨在尋求未來與許作立的合作，算是「預付性質」的協助。但許作立找上「白衣騎士」的協助，僅為解除燃眉之急，其實並無長久合作的打算，或說是用時間換空間、想增加持股，最後取得絕對控股權，再逼退外資。但是最後並未發展成增加股權之事，甚至還減少股權，而逼退外資更談不上，最終演變成自己被逼出門外。

（二）管理層收購

「管理層收購」（Managment Buyout，簡稱ＭＢＯ）是指一家公司的管理層團隊，購買並獲得公司的大部分或全部股權的一種收購形式。在ＭＢＯ中，公司的現有管理團隊（包括ＣＥＯ、其他高層管理人員）會購買該公司，從而取得對公司的控制權。ＭＢＯ通常在私募股權、風險投資或其他融資來源的支持下進行。

管理層收購的特點和動機包括以下幾點。

內部了解：由於管理層對公司的營運有深入的了解，他們可能會看到公司的潛在價值和成長機會，因而激勵他們進行收購。

獨立性：透過ＭＢＯ，管理層可以獲得更大的營運自由，並根據自己的戰略願景，對公司進行指導。

激勵和承諾：管理層收購通常會增加管理團隊對公司成功的承諾，因為他們現在擁有公司的一部分。

融資結構：ＭＢＯ通常涉及大量融資，管理團隊可能需要透過銀行貸款、私募股權投資或其他融資管道來籌集資金。

風險與獎勵：儘管ＭＢＯ能帶來控制公司和實現經營願景的機會，但同時伴隨著融資的風險，尤其是當使用大量負債融資時。

管理層收購在企業轉型、退市或在特定情況下改變公司所有權結構時，是一種常見的策略。這種做法在私有公司中尤其普遍，但也可見於上市公司。許作名與寶佳的結合，事實上約略看到MBO的模樣。MBO的成功在很大程度上依賴於管理團隊的能力、公司的基本面以及市場環境。

(三) 永大併購案的啟示

1. 家族企業中家族股權比例過低可能導致經營上的重大風險。當家族股權不足以確保對公司的控制時，可能會影響企業的策略決策和長遠發展，甚至會導致家族在企業內的影響力減弱。

2. 在家族持股比例較低的上市公司中，家族成員若想同時擔任高級管理職位（如CEO或董事長）並控制董事會，這可能會造成治理結構的矛盾。在某些情況下，家族成員可能會尋求外部勢力的支持以維持影響力，但這樣的做法往往會導致公司治理問題，甚至觸發法律和道德上的爭議。例如，三星李在鎔企圖透過賄賂韓國前總統朴槿惠以爭取家族經營權的事件，就凸顯了這種矛盾和風險。[7]這種情況不僅對家族企業的穩定性構成威脅，也可能影響公司的公信力和市場價值。

3.上市公司的核心在於良好的「公司治理」、「可持續發展」以及「股東的長期股利回報」。偏離這些核心目標，如果企圖最大化個人或家族成員的利益，可能導致公司價值和聲譽的雙重損失。長期來看，這種做法不僅損害股東利益，也可能對公司的市場地位和經營穩定性帶來負面影響。

4.對於家族企業而言，家族成員間的信任和成功的繼承計畫是其長期成功的關鍵。強有力的繼承策略不僅確保企業文化和核心價值的延續，還有助於平衡家族內部和商業利益的關係，確保企業的持續發展和市場競爭力。透過有效的領導交接和繼承規劃，家族企業可以在不斷變化的市場中保持其獨特的競爭優勢。我們將在下一章談華人家族企業，特別是台灣家族企業的傳承問題。

註釋

01｜布萊恩·伯瑞（Bryan Burrough）、約翰·赫萊爾（John Helyar），二〇一三，《門口的野蠻人：當肥貓執行長遇上企業禿鷹》，胡瑋珊、黃思瑜譯，台北：左岸文化。

02｜在面對敵意併購威脅時，目標公司有時會尋求一個友好的公司或個人，來進行合併或作為新的收購者。如果這樣的救援行動成功，目標公司可能會被「白衣騎士」合併，或其大部分股權被「白衣騎士」收購，從而顯著提高敵意併購者完成交易的難度或成本。然而，實務上操作「白衣騎士」策略有相當難度，首先是救援者要有相當實力，其次是襲擊者的出價不能太高，最後是決策時間有限。因此，最佳策略是企業管理者取得機構投資者的支持，實行管理層收購。

03｜又稱為「股東權益計畫」，是最常見的反收購防禦措施。由目標公司董事會事先透過一項股權攤薄條款，一旦敵意方收購目標公司一定比例的股份（通常是一〇%至二〇%的股份），即觸發該條款生效，使目標公司原有股東可以較低的價格獲得大量股份，從而抬高收購方的成本。

04｜Elevator 雜誌社，二〇一六，〈2016 全球電梯製造商 TOP 10〉，《ELEVATOR 電梯》，七：七二。

05｜永大收購戰的事件發展參考：康家禎，二〇一九，〈日立集團收購永大機電個案研究〉，高雄：國立中山大學財務管理系碩士論文。

06｜韓化宇、劉馥瑜，二〇二二，〈泰山一分鐘賣81億全家股票，摘「皇冠上的珠寶」爭權內幕〉，《商業週刊》，十二月十五日，https://www.businessweekly.com.tw/Archive/Article?StrId=7007093&rf=google，查閱日期：二〇二四年三月十七日。

07｜ＢＢＣ，二〇一七，〈韓國「親信門」醜聞：三星繼承人李在鎔被捕〉，《ＢＢＣ中文網》，二月十七日，https://www.bbc.com/zhongwen/trad/world-39000781，查閱日期：二〇二四年三月二十日。

第四章

台商企業面對的內部治理挑戰

Internal Governance Challenges Faced by Taiwanese Businesses

在第三章，我們發現台灣企業面臨外部挑戰時，家族企業的治理缺失成為最大短板。本章將專注討論家族企業治理面臨的三個主要問題：家族成員與專業經理人關係、董事會治理效能、家族企業的傳承。我們透過分析案例，展示這些問題在成功與失敗中的具體表現。本章最後提出兩個策略，首先是實施所有權與經營權分離，其次是倡導股東行動主義。希望幫助華人企業在家族企業傳承的道路上取得成功，並促進其向國際化現代企業治理的轉型。

本章著重於分析台商企業在內部治理上面臨的多樣化挑戰，這些挑戰往往源於家族經營和專業管理之間的矛盾，以及公司治理結構的不完善。

首先，家族企業與專業經理人的矛盾問題，體現在家族企業的經營理念與專業管理追求短期目標的衝突。家族成員可能因個人利益與情感因素而影響決策，而專業經理人則可能更注重短期業績和市場反應，這種差異往往導致決策過程中的矛盾和衝突。

其次，是虛有其表的董事會，在某些家族企業中，董事會可能僅是名義上的存在，實際決策權集中在少數家族成員手中。在這種情況下，各董事成員的角色和職能無法充分發揮，導致公司治理結構存在缺陷。

接著，家族企業的傳承問題涉及家族成員在傳承過程中的難題與挑戰。許多家族企業在第二、三代時面臨繼承問題，例如繼承人缺乏經營與管理能力，或是對企業經營不感興趣，導致企業發展受阻。

最後，本書提出以「股東行動主義」作為解決上述問題的方式之一。股東行動主義是透過股東對公司治理的積極參與，來糾正或改善公司治理，例如，透過股東提案、公開信，或直接參與董事會等方式來影響公司政策和決策。這種做法在國際上比較常見，例如投資者卡爾．伊坎（Carl Icahn）向蘋果公司（Apple Inc.）提出回饋股東的建議，以及台灣寶佳集團參與股權收購等等。

整體而言，許多台商企業在內部治理上的挑戰，反映了家族企業與國際化現代企業在公司治理方面的落差。面對這些挑戰時，台商企業需要尋找平衡點，既要保留家族企業的核心價值，又要融入現代企業治理的先進理念，以實現長期穩定發展。台股目前仍有五四%的企業是家族企業，台灣過半企業已成立三十年，未來十年內，台灣七十歲以上的企業掌門人將高達四五%。台灣企業已進入「接班傳承高峰期」，因此，如何處理家族與專業經理人的關係將攸關企業存續。[1]

一、誰來治理：選擇家族傳承或是交給專業經理人？

（一）家族企業

家族企業是全球最古老且最普遍的商業組織形式，它們在許多國家的經濟發展中扮演著核心角色。這種企業模式的特點在於，家族成員對企業擁有所有權和經營控制權，這與非家族企業相比，呈現出獨特的經營特性和價值觀。在家族企業中，經營決策通常由家族成員掌握，這種結構使得家族企業能夠快速做決策，並容易保持長期穩定的經營方向。

家族企業的研究之所以受到全球學者的重視，不僅是因為它們的數量眾多，更因為這些企業在各個經濟體中扮演著關鍵角色。在很多國家，尤其是發展中經濟體，家族企業是經濟活動的主要推動者。它們不僅為經濟提供了穩定的增長動力，還在創造就業、促進創新，以及推動社會經濟向好方面發揮著重要作用。

家族企業的優勢包括長遠的發展視角，注重非僅追求短期利益、而是強調企業的持續成長和穩定發展，例如 S&P 500 指數中超過百年的企業都是家族企業。決策效率在家族企業中往往較高，因決策集中於少數家族成員手中，從而實現快速響應市場變化。家族企業通常擁有鮮明的企業文化和價值觀，這有助於增強員工的歸屬感和忠誠度。穩定的領導傳承有利於保持企業策略的連貫性和文化傳承。此外，許多家族企業對社會責任感有較強的意識，重視企業在社會中的角色和影響，因為事關家族的聲譽。[2]

此外，家族企業通常較能承受市場波動，也較勇於冒險，這歸功於它們的長期經營視野和對企業文化的堅守。家族企業的這種特性，使得它們在全球經濟中更具韌性，特別是在面對經濟衰退和市場不確定性時。同時，家族企業也面臨著獨特的挑戰，包括繼承規劃、家族內部衝突，以及適應快速變化的全球市場環境。

台灣的家族企業在面對全球化競爭和市場變化的當下，面臨著轉型升級的重要時刻。過去十年裡，這些企業不僅要考慮如何在瞬息萬變的市場中保持競爭力，還需要思考如何在家族內部進行有效的權力交接，以確保企業持續繁榮和發展。

台灣家族企業的傳承問題尤為突出。傳統上，許多家族企業依賴家族成員來管理和經營，但隨著企業規模擴大和市場變化，這種模式面臨著挑戰。引入專業經理人成為一種趨勢，這不僅可以帶來新的觀念和管理技能，也能幫助企業更好地應對市場的變化和挑戰。

另一方面，家族成員的參與仍然是維持企業文化和價值觀的關鍵因素。家族成員能夠保證企業決策的連續性和企業文化的傳承，這對於企業長期穩定發展至關重要。找到家族成員和專業經理人之間的平衡點，確保雙方在企業治理中能有效合作，成為企業持續成功的關鍵。

同時，面對世代交接的挑戰，許多家族企業開始重視年輕一代的培養和教育，包括：讓年輕家族成員參與企業管理、獲得適當教育和外部經驗，以及理解和適應現代企業治理要求。這種培養不僅有助於平滑的權力交接，也確保企業文化和家族價值觀的延續。

最後，隨著科技發展和市場環境變化，全球家族企業也開始探索新的商業模式和創新策略，包括：數字化轉型、拓展國際市場、參與可持續發展和社會責任活動等。整體而言，台灣家族企業在面對傳承和現代化的雙重挑戰時，正在積極尋求創新和轉型的路徑，以確保在激烈的全球競爭中保持領先地位。

家族成員之間的矛盾可能對企業經營造成不利影響。此外，過分依賴家族成員可能忽略專業管理人才的引進和培養，導致管理缺乏專業性。家族企業也可能會面臨財務風險集中的問題，特別是當資源過分依賴於特定市場或產品時。最後，某些家族企業可能由於過於堅守傳統或先人古訓，因而限制了必要的創新和改變。

失敗案例

古馳家族內鬨

古馳（Gucci）家族的歷史充滿戲劇性的權力鬥爭和家族矛盾，創辦人的天才經營不僅塑造了這個義大利奢侈品牌的早期發展，而第二、三代之間的權力爭奪與笨拙經營，也導致最終被外部投資者收購的悲劇結局。

自一九二一年古馳奧．古馳（Guccio Gucci）在佛羅倫斯創立品牌以來，古馳專注於生產高品質皮革商品。隨著古馳逐漸成為全球知名品牌，古馳奧的三個兒子，長子阿爾多（Aldo Gucci）、么子瓦斯科（Vasco Gucci）和次子魯道夫（Rodolf Gucci）加入公司，隨之而來的是家族成員間日益加劇的衝突。古馳奧去世後，阿爾多與兒子保羅（Paolo Gucci）之間的關係尤其緊張，導致一九八〇年代父子、叔姪之間在誘騙、無知（缺乏法律常識）、貪婪作祟下，衍生出一連串訴訟及稅法上的糾紛，最終，阿爾多於一九八六年獲判有罪入獄。一九七〇至八〇年代，古馳還面臨品牌過度擴張及股權稀釋問題，家族成員對品牌未來方向和管理方式存

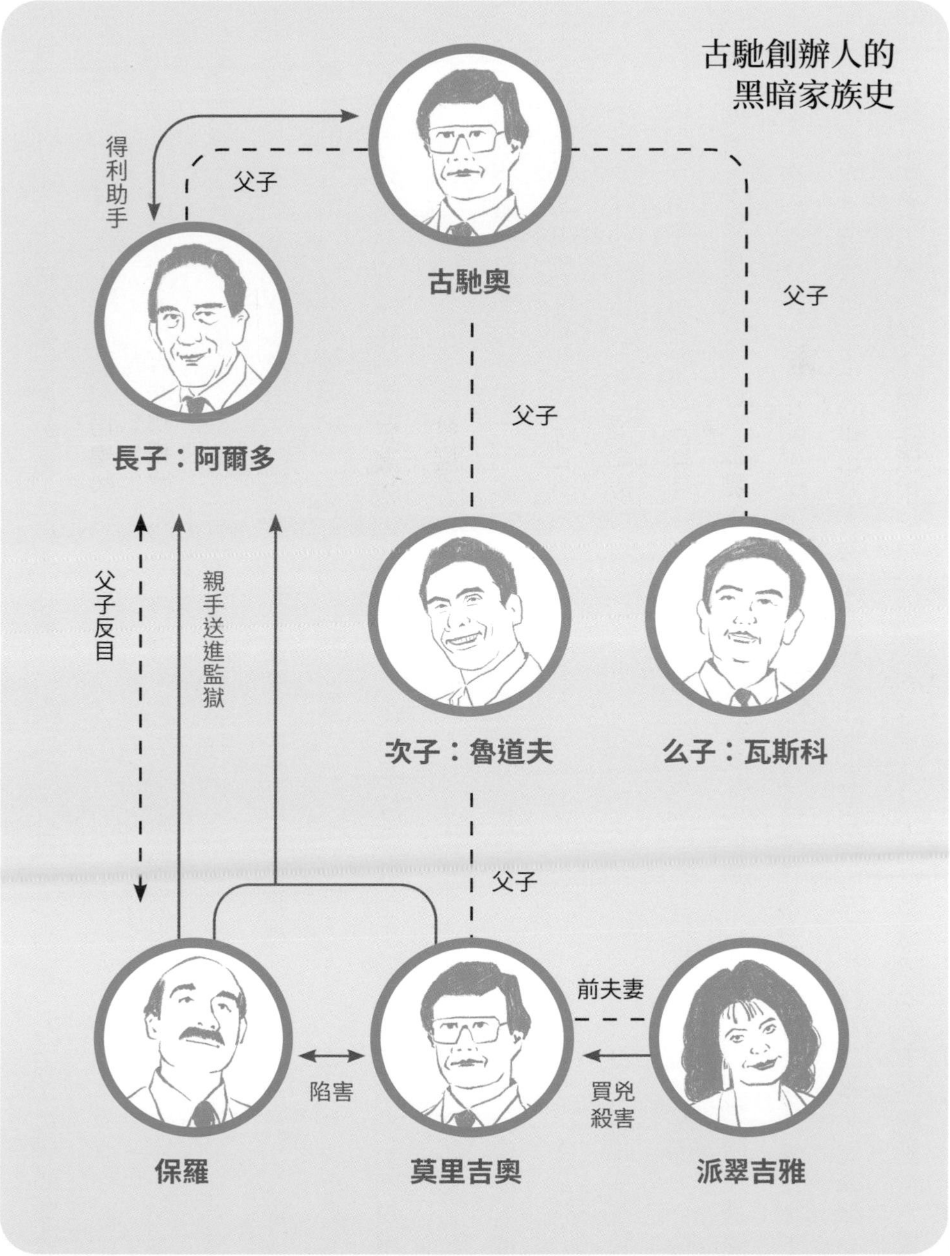

資料來源：Business Digest，2019，〈Gucci 創辦人的黑暗家族故事：Paolo Gucci 生平故事〉

在分歧，外戚、也就是第三代繼承人莫里吉奧（Maurizio Gucci）的妻子派翠吉雅（Patrizia Reggiani）的介入，更讓情況日趨複雜。[3]

這些家族內部衝突和管理問題，在第三代繼承人莫里吉奧聯手私募基金 Investcorp，各拿下過半股權後暫時告一段落。然而，莫里吉奧與私募基金的企業經營理念差距過大，且莫里吉奧的經營並不出色，導致雙方不斷發生爭執與衝突。由於沒錢、無權、業務每況愈下等原因持續夾擊莫里吉奧，他最終被迫以一．二億美元低價賣出五〇%股權。Investcorp 於一九九三年收購古馳所有股份，標誌著古馳家族正式失去對其創立並經營數十年的品牌控制權，而莫里吉奧也於一九九五年，在自家辦公室遭前妻雇兇槍殺。[4]

古馳家族的這段狗血歷史，凸顯家族企業因內部衝突和管理失誤而面臨的巨大風險，成為家族企業經營的經典反面案例。

雙匯萬家父子反目

河南雙匯投資發展股份有限公司是中國大陸著名的肉類加工企業。由創始人萬隆於一九九二年在河南省創立後，隨著中國大陸經濟發展，逐漸躍升為中國大陸領先的肉品加工企業之一。然而，該公司在家族繼承方面卻面臨嚴重的權力爭奪，尤其是在萬隆將公司營運交棒給長子萬洪建後，父子在經營理念和管理方向上的意見分歧，甚至演變為嚴重肢體衝突，導致萬隆免除兒子萬洪建在集團內所有職務，而萬洪建則檢舉萬隆逃稅及違法關聯交易。這場家族內部爭端不僅影響市場信心而造成公司股價暴跌，並對公司長期發展帶來嚴重的潛在負面影響。

這場爭議最終透過法律途徑和家族內部協商得到解決，雖然具體細節並未完全公開，但這起事件凸顯了家族企業中進行有效繼承規劃，以及如何順利將管理權轉移的重要性。雙匯肉品的父子反目案例，反映出家族企業在代際傳承過程中可能遇到的挑戰，尤其是上一代眷戀控制權、父子二代經營理念嚴重分歧，下一代又迫切希望快速接掌控制權，這在家族企業中屢見不鮮，能否妥善處理對企業未來發展和穩定至關重要。[5]

成功案例 BMW匡特家族的傳承

BMW源自一九一六年的德國慕尼黑，最初專注於製造飛機引擎，隨著時間演進，逐漸轉型為全球知名的豪華汽車和摩托車製造商。然而在一九三〇年代匡特家族曾有過一段不光彩的過去，是關於匡特家族的第二代長子君特．匡特（Gunther Quandt）的第二任妻子瑪格達（Magda Ritschel）的醜聞，並且涉及惡名昭彰的納粹德國宣傳部負責人戈培爾。[6]這家公司的重要轉折點發生於一九五九年，當時BMW面臨嚴重財務困境，在赫伯特．匡特（Herbert Quandt）及其家族透過關鍵股份收購後，才得以免於被競爭對手收購，從此匡特家族成為主要股東。匡特家族仍然保持著從十九世紀中葉以來，謙遜、低調、自信與堅韌的家族傳統。匡特家族非常低調，從不使用家族姓氏作為產品商標或企業名稱，也儘量避免成為媒體焦點，當然這源於君特與納粹黨的種種傳聞，以及其妻子的八卦愛情醜聞有關。赫伯特的子女蘇珊娜．克拉滕（Susanne Klatten）和斯特凡．匡特（Stefan Quandt）繼承了控制權，並持有公司相當比例的股份，秉持著嚴掌股權、淡出管理，由父親傳承下來的「企業家股東」商業哲學，在董事會中發揮重要作用。儘管家族擁有大部分股權，ＢＭＷ的營運仍委由專業管理團隊負責，匡特家族則透過董事會等治理結構，參與制定重大決策。[7]

ＢＭＷ的經營成功，不僅得益於匡特家族對品質、創新和責任的堅持，更在於專業經理人執行管理與家族監督的完美結合。儘管克拉滕在二〇〇七年時也曾陷入感情醜聞，但並未影響ＢＭＷ集團經營。這一切，使ＢＭＷ在汽車行業中維持品牌領先地位，在維繫家族影響力的同時，讓企業得以實現專業管理及持續創新，締造家族企業經營的成功典範。蘇珊．克萊滕曾公開家族經營成功心法：「匡特家族有一條原則，我父親把它傳授給了我們，就是公司的擁有者和管理者沒有必要什麼都管，有些事最好讓第三者去做，這個人要有特別的素質，能用他自己的方式去經營。當然，他們需要一定的自主權，我們應該給他們這種權利……匡特家族的特點在於，我們能夠支持有事業心的人在事業上取得成功。」[8]匡特家族能不受任何醜聞影響的穩定控制和對企業文化的承諾，使ＢＭＷ能夠在汽車行業中長久保持其領先品牌的地位，可說得益於家族經營傳承的獨到理念。

三聯科技林氏家族的「馬拉松交叉接班法」

三聯科技由林榮渠於一九六七年創立，主要從事自動化監測系統的設計與生產。三聯科技與勤美集團、喬山健康科技、太平洋自行車，彼此為關係企業，四間企業的創辦人也都有親戚關係，被稱為「中台灣最大的不敗家族」。

三聯科技的第二代林廷芳接任總經理時，面臨企業股權分散的問題。為了解決這個問題，他決定讓三聯科技上櫃，先由市場決定股價，林家再透過公開市場收購股票，如此一來就能避免股東不滿收購價格而心生怨懟。經過十餘年的收購，林家逐漸將大部分股權收回，成功解決股權分散問題。三聯科技的家族傳承方式較為特別，是由第三代林大鈞接任董事長、第二代林廷芳擔任總經理，讓上一代的管理經驗能夠永續傳承。

第三代順利接班後，林廷芳原本已經開始考慮之後的退休生活，然而卻應他的舅舅——勤美集團創辦人何明憲之邀，出任勤美集團董事長。林廷芳自勤美集團創立以來就參與甚深，熟悉集團各種業務，加上自家三聯科技的接班經驗，因而成為勤美集團接班的不二人選。另一方面，勤美何家也成立信託基金避免股權分散，由林廷芳與何家第二代長子何承育擔任信託管理人。透過「馬拉松交叉接班法」，成功解決勤美集團業務多元、難以切割交由專業經理人的難題，讓企業經營理念得以傳承下去。[9]

（二）專業經理人

由專業經理人管理的企業，也就是那些由非家族成員或外部專家領導的企業，擁有其獨特的優勢、但也有必須面對的挑戰。這些企業通常能夠從專業經理人的豐富行業知識和管理經驗中受益，經理人能夠為企業帶來新的視角和策略，有助於企業發展和創新。他們更能根據業務需求和市場條件做出客觀決策，而非基於家族利益。此外，這種管理方式更開放於創新和變革，有助於企業適應迅速變化的市場環境。專業管理層的存在，也可能更有助於吸引和保留高素質人才，提供他們基於能力和績效的晉升機會。此外，專業經理人往往會實施更嚴格的風險管理和內控制度，以減少業務營運中的風險。

然而，這種管理模式也帶來了特有的挑戰。專業經理人可能缺乏對企業的長期承諾，以及勇於開創的冒險精神，缺乏足夠內在動機推動企業向更高目標邁進。外部引進的經理人會面臨企業文化融合的挑戰，通常需要一段時間去理解適應企業的獨特文化與價值觀。在某些情況下，專業經理人較傾向過於專注於短期績效，尤其是當績效考核及獎酬（例如專業經理人自身的獎金或股票選擇權）與短期業績緊密相連時。最後，經理人在決策與執行上較容易受到個人職涯發展的影響，可能與員工產生脫節，這在大型企業中尤其常見。

失敗案例

東芝獨斷的管理階層

東芝公司的企業治理失敗，主要體現在二〇一五年的會計醜聞中，該公司被發現在六年內虛增利潤達一．二億美元。這起事件導致當時社長田中久雄、前兩任總裁以及半數董事會成員辭職。儘管東芝曾嘗試實施「美國式」的董事會制度，包括獨立董事，但實際上這套制度並未有效運作。二〇一七年東芝由於子公司西屋收購核電工程技術服務商 CB&I Stone & Webster 時出現資產評估失誤，出現高達六十三億美元的商譽減損，而造成資不抵債的情形，收購失敗的嚴重虧損最終導致東芝必須分割出售各事業體以填補超過一兆日圓的債務。這兩起事件不僅損害了東芝的企業形象，同時也引發了對日本企業治理標準和實踐的廣泛質疑。獨立調查報告指出，東芝的「企業文化」導致操作層無法拒絕高層企業經理人員不切實際的利潤目標。[10]此事件凸顯出董事會結構並非關鍵問題，而是在於實際運作、決策過程、獨立性以及管理層對董事會的尊重。一群年紀偏大的管理者集體決策，而且依旁觀者的觀察，日本企業常有「大佬」的決策模式傳統，且有不能犯錯、必須如聖人般永不會犯錯的社長，才會造成這樣的情況。

成功案例

獨立專業經理人治理的台積電

台積電（TSMC）的企業治理模式，是專業經理人治理的成功案例。台積電在創立之初，大股東就沒有參與經營，而是由董事會監督管理團隊。二〇〇七年，台積電的大股東飛利浦（Philips）宣布逐步釋出台積電持股的計畫，也一併辭去台積電董事。大股東逐漸淡出董事會、讓獨立董事過半，一直是張忠謀為永續經營而推動「公司治理」的目標。隨著大股東釋股，台積電就未再存在明顯的大股東。反觀台灣大多數的上市櫃公司皆存在控制股東，由此可知台積電的股權結構、董事會組成，和大多數的台灣上市櫃公司並不相同。台積電採用了獨立專業經理人制度，使得公司治理獨立於大股東。創始人張忠謀推動了這一模式，以減少經營權紛爭。與西方專業經理人不同，台灣的許多專業經理人實際上是大股東指派的。台積電的經理人由獨立董事過半數的董事會聘用，擴大了選擇範圍並加強了監督機制，確保經理人行為無瑕。這種制度類似於政治民主制度，有助於減少接班問題，並促進良好的公司治理。[11]

針對這些大型組織專業經理人所產生的問題，學理上是以「代理人與委託人之間的利益矛盾」來解釋。簡言之，投資大眾是上市公司的擁有者，是「委託人」，委請專業經理人代為經營，即為「代理人」，雙方立場與所追求的目標可能不同，因而出現了種種「代理問題」。美國法律學者阿道夫・伯利（Adolph Berle）和加德納・米恩斯（Gardiner Means），在其經典著作《現代公司與私有產權（*The Modern Corporation and Private Property*）》就深入討論這個普遍存在現代公司中的代理問題，他們認為所有權和控制權分離，導致公司由受所有者控制轉變為受經營者控制，股東的功能似乎只是提供資金，喪失參與公司經營的權利。針對代理問題，學理上建議的解決辦法包括：設計各種分紅與認股的方法，以及公司治理的各種制度等。[12]

然而在實務上，若能在某一程度上保留家族監督企業營運的成分，成為「家族與專業經理人共治」的形態，或許更能處理這一類的問題。

（三）家族與專業經理人共治

家族與專業經理人共治模式，融合了家族企業的傳統價值與專業管理的現代理念。在這種模式下，家族成員作為重大核心戰略決策者或在董事會中具有顯著監督影響力，同時，日常經營活動和戰略性決策則由專業經理人負責。這種治理結構旨在結合家族的長期視野與專業管理的效率和靈活性。

家族成員在這種模式中的責任包括三個主要方面。首先，他們需要建立一個公正且無私的環境，確保公司有一套有效的考核和晉升制度，以促進有才華且有意願貢獻能力的人才脫穎而出。其次，他們要確保職業經理人在追求個人職業發展和獎勵的同時，不會損害到公司的長期利益。第三，家族成員需要在關鍵決策中，加入長期可持續發展和股東利益的觀點，以防止專業經理人過於追求短期績效而忽略長期發展能力。

在這個架構下，家族成員不應該成為無聲的股東，而是要積極參與監督，扮演「大家長」的角色，注重永續經營。而具體的營運工作則交由專業經理人來處理。這種分工有利於降低組織內部的政治複雜度，確保專業經理人的忠誠與決策更加聚焦於整體和長期利益。

要使這一模式成功，幾個關鍵條件不可或缺。首先，家族領導者需要展現出超越個人利益的無私態度，這通常建立於對家族傳承的深刻重視。其次，家族領導者需要建立公司有識人善任的制度與能力，能夠識別並任用最適合的人才。此外，他們需要對業務有足夠的洞察力來做出關鍵戰略決策，同時又不能過分干預專業經理人的工作。最後，建立良好的公司治理制度，平衡投資者、家族大股東和專業經理人之間的利益和觀點，也是確保這一模式有效運作的關鍵。

成功案例

馬士基集團

馬士基集團（Maersk）起源於一九〇四年的丹麥哥本哈根，逐漸成為全球最大的航運集團。第三代馬士基．麥金尼．穆勒（Maersk Mc-Kinney Moller）擔任公司執行長及董事長長達三十年，直至一九九三年和二〇〇三年分別由專業經理人接手，之後集團採經營權和管理權分權。第四代安娜・馬士基・麥金尼・烏格拉（Ane Maersk Mc-Kinney Uggla）並未接任集團執行長，藉由家族基金會及集團董事會主席來間接領導集團。第五代羅伯特・馬士基・烏格拉（Robert Maersk Uggla）則在二〇一四年加入集團董事會、二〇一六年接任投資控股公司執行長、二〇二二年接任投資控股公司董事會主席，且近幾年家族基金會對馬士基集團的持股比例增加。羅伯特在董事會的七年任期中，與專業經理人合作，推動公司重組和轉型為高度盈利的物流公司，繼續著這家航運巨頭的成功傳承。[13]這次領導層變更強調了家族成員與專業團隊之間有效的合作，共同推動公司持續發展與創新。

二、禍起蕭牆：虛有其表的董事會

（一）董事會在家族企業治理中的角色

在家族企業的治理架構中，董事會擔任著核心且多面的角色，關注點不僅限於短期業績，還涉及企業的長期可持續發展和家族價值的傳承。董事會作為企業治理的重要支柱，不僅負責確保企業的合法合規營運，還需承擔起保護所有股東，尤其是平衡家族成員的利益這一重任。這要求董事會成員在家族與非家族股東之間取得平衡，並有效解決任何可能的利益衝突。[14]

如上一節所提到，在家族企業中，董事會通常由家族成員和外部專業人士包含獨立董事成員組成，這種混合結構有助於引入新的視角和專業知識，同時保持家族企業的核心價值和文化。董事會負責制定公司的戰略方向和業務目標，並對高層管理團隊的表現進行監督，確保他們的決策和行動符合公司的整體利益。

此外，董事會還承擔著管理風險和促進公司透明度的職責。他們需要定期評估企業面臨的風險，並採取相應的風險管理措施，以保護公司免受不必要的風險影響。同時，董事會也負責推動公司治理的透明化，增強利益相關方對企業的信任和認可。

董事會在家族企業中不僅是決策和監督的核心，也是促進家族和企業和諧發展的橋梁。他們的作用對家族企業的長期成功和穩定至關重要，特別是在處理家族與業務之間複雜的關係方面。

(二) 獨立和非執行董事的作用

在家族企業的治理結構中，獨立和非執行董事發揮著關鍵作用，主要透過提供中立的觀點和加強監督來提高企業治理的品質。他們的角色在於協調和平衡家族成員的個人利益與整個公司的長期目標之間的關係，特別是利害衝突原則，同時對高層管理團隊進行有效的監督和評估。這些董事通常不參與企業的日常營運，但在企業戰略規劃、風險管理，以及確保公司遵守相關法律法規方面扮演著重要角色。他們的參與有助於防止管理層的自利行為，並確保決策過程的透明度。

此外，獨立與非執行董事還能為家族企業引入外部視角和豐富的行業經驗。他們的專業知識和市場經驗，對於指導企業應對外部挑戰、把握市場機會及實施創新戰略至關重要。透過這種方式，他們不僅提升了公司治理的透明度和責任感，還有助於提高企業的整體競爭力和市場適應能力。

獨立與非執行董事在家族企業中不僅是治理的關鍵支柱，也是引入新思維和促進企業持續發展的重要力量。他們的存在有助於建立更強大、更平衡的治理結構，從而促進企業長期的健康發展。

(三) 家族企業治理的特殊挑戰

家族企業在治理上所面臨的獨特挑戰，主要源自於家族與企業營運的密切聯繫和相互作用。首先，決策權力過度集中家族。在許多家族企業中，家族成員掌握著大部分、甚至全部的決策權力。這種權力集中可能會阻礙客觀和公正的決策過程，並可能導致對非家族成員的意見和建議缺乏足夠的重視。其次是情感因素對營運的影響。家族關係帶來的情感因素可能會對商業決策產生影響。例如，對家族成員的忠誠可能超越對企業最佳利益的考慮，導致效率低下或不利於企業發展的決策。

此外，家庭與企業角色的混淆也是問題。家族成員在家庭和企業中的角色可能重疊或衝突，這可能導致治理結構複雜化和決策效率降低。家族企業中非家族成員的積極性和忠誠度也是重要的考慮因素，激勵和保持非家族高管的積極性和忠誠度是一個挑戰。非家族成員可能感覺他們的努力和貢獻得不到足夠的認可，尤其是在家族成員於重要決策中具有絕對話語權的情況下，偏向家族或裙帶關係。

最後，家族企業需要在尊重傳統價值的同時，積極推動創新和適應市場變化，這要求企業不斷挑戰，更新其商業模式和營運策略。家族企業的治理需要在多個方面找到平衡點。有效地應對這些挑戰，對於家族企業的長期成功和可持續發展，至關重要。

（四）文化和價值觀的傳承

在家族企業中，董事會在文化和價值觀的傳承方面擔當著關鍵的角色。這些核心價值觀和文化通常源自創始家族，董事會負有確保這些精神遺產在企業中得以持續並發展的責任。為了實現這一目標，董事會不僅需要制定相關的策略，還需監督管理層，以確保這些價值觀在企業決策和日常營運中得到積極實踐。

此外，董事會還須在培養企業文化和傳承家族精神方面發揮重要作用。他們透過各種方式，如組織文化活動、員工培訓和內部溝通，來加強員工對企業文化和價值觀的理解和認同。董事會還負責引導和支持新一代的領導者，確保他們能夠理解和尊重這些傳統價值，同時在面對市場和業務挑戰時，能夠進行必要的創新和調整。

（五）家族企業與其董事會的挑戰

儘管理論上家族企業的董事會應該扮演著關鍵的治理和文化傳承角色，但在實際的實踐中，許多華人家族企業的董事會並未能充分發揮這些功能。特別是在一些上市櫃公司中，董事會往往只是名義上的存在，無法有效地監督和指導。為了更深入地理解這一現象，我們將透過分析台灣企業大同公司和永豐金控這兩個案例，來探討家族企業與其董事會之間的互動及其所面臨的挑戰。

缺乏制衡機制的大同董事會

大同股權之爭的歷史可追溯至二〇〇六年，當年公司發生家族內鬨，董事長林挺生的大房次子林蔚東未能成功奪取經營權。二〇〇八年發生第二次爭奪，林挺生的二房次子林鎮弘試圖爭取董事席位，但也未能成功。二〇一一年的第三次爭奪中，林滄海[15]意圖搶進大同，但最終在副總經理林郭文艷[16]的干預下，公司派保住了董監席次。

二〇一六年，由於經營不善，大同連年虧損且不發放股利，大股東聯合小股東成立大同自救會，計畫在隔年爭取多數董事席位。二〇一七年股東會中，市場派提名的人選被公司派藉法律條文資格不符為由剔除，再次保住了經營權。

二〇二〇年，市場派以三圓建設董事長王光祥為首再次挑戰經營權，但最終未能成功。該年大同召開股東會時，公司派以「中資」（中國大陸資金）為由刪除過半非己陣營股東的表決權以保住經營權，這一爭議行為引起了市場的強烈反彈導致股價大跌，而主管機關證交所對大同公司的懲處，幾乎將大同打入全額交割股（下市前的垃圾股票）。隨後，市場派分兩路申請召開臨時股東大會，並最終獲得經濟部的批准，使得經營權之爭進入了新一輪的競爭，最終林家也在二〇二一年完全退出大同的董事會。[17]

董事會在大同股權之爭中既是權力爭奪的舞台，也是維護公司穩定和股東利益的重要機構。大同董事會的行為和決策不僅影響公司的內部治理，也影響股東的信心，以及對公司的公共形象產生惡劣影響。

在大同公司的案例中，我們可以觀察到家族控制對企業治理結構的影響。由於家族成員在董事會中占據主導地位，這導致董事會缺乏獨立性和多元觀點，從而影響公司決策的客觀性和效率。此外，董事會在文化傳承和價值觀維護方面的作用也受到限制，因為營運能力極差、從而家族利益（從集團企業獲取自身利益，如薪資、福利待遇、關係人交易等）超越了企業的長期戰略和健康發展，以至家族人員占據董事會不願退出、而獨董的功能也不彰。

永豐金控專業經理人不敵家族影響

自二〇一六年以來，永豐金控遭遇了一連串的重大舞弊案件，對其業績和聲譽造成不良影響。首先，在二〇一六年十一月，牙材商「鼎興貿易公司」涉嫌向永豐銀行及其他金融機構詐貸超過三十七億元，此案中永豐銀行董事何宗達和「鼎興」負責人何英宗為姻親關係，未披露這一涉及利害關係人交易，導致何宗達遭金管會重罰並移送檢調偵辦。[18]二〇一七年四月，永豐金租賃的境外子公司（GC）被揭露違法放貸五十億元給三寶相關公司，牽涉多個案件包括J&R

超貸案（無內部稽核）、YFY Global 可轉債案（違反關係人交易），導致前董事長何壽川被撤除董事長職位並遭重罰。同年四月，香港永豐金證券因為涉嫌不當融資給中國大陸輝山乳業股票，進而受到該公司股價暴跌引發金管會調查。接著在二〇一七年五月，該證券公司又因違法替大陸資本客戶買賣大同股票，而遭金管會罰款並暫停其總經理的執行業務。這些事件不僅對永豐金控的經營造成重大挑戰，也對其高層管理人員帶來了嚴重的法律和財務後果。[19]

在永豐金控的一系列案件中，公司的專業經理人面對家族經營者的非法行為顯得無力，甚至有內部人士在向金管會揭發後被迫選擇辭職。這其中包括永豐期貨的內部稽核何榮祥、證券部門的財務長王幗英，以及銀行的獨立董事葉莉英，他們要不是主動辭職，就是被迫離職。[20]此外，原本應該作為公司監察人的獨立董事，大都由大股東（家族成員）提名，這使得他們在面對大股東時難以獨立做出決策，從而導致董事會在監督和制衡上功能受損。

永豐金控的情況反映了家族企業在風險管理和法律遵循方面的挑戰。在此案例中，董事會未能有效監督和制約家族經營者的行為。這凸顯了在操守低劣的家族控制下，董事會無法保持企業合法營運、也難以制衡家族濫權的處境。

三、富不過三代：家族企業的傳承問題

近年來，「家族傳承」成為一個受到廣泛關注的主題，尤其是在那些擁有龐大家業的家族中更是如此。家族企業在進行代際交接時經常面臨諸多挑戰，其中包括兄弟間的爭執和親子關係的緊張。這些問題不僅頻繁出現在新聞報導中，而且對家族企業的長期發展和成功經營構成了嚴重威脅。因此，對於那些擁有大量資產的家族而言，如何有效管理家族事業的跨代交接，避免內部衝突，並確保業務有效繼承和持續經營，是一個迫切需要解決的問題。這不僅是家族內部的私人事務，更關係到整個上市（IPO）企業的未來和穩定。

強健的企業治理對於促進家族企業的穩定傳承和長期成功至關重要。這種治理不僅為家族成員和企業提供了明確的溝通管道，還確保了家族與業務之間的和諧關係。筆者認為，合宜的「家族企業治理機制（Family Governance Mechanism）」，它提供一個正式的論壇來完善家族與企業之間的關係，增進對企業營運的透明度，並在企業內外溝通關鍵問題。對於業務而言，治理結構則創建了一個從家族到企業的溝通管道，反之亦然，幫助家族對企業的使命、願景和策略有一致的聲音，並在家族內部識別和培養適合企業發展的人才。

此外，建立「家族企業治理機制」結構的好處，包括在決策過程中提供一致性，確保重要決策的制定是在平衡所有利益相關者的輸入下作為基礎。透過委員會、憲章和適當的政策，治理

結構還為家族成員、利益相關者、員工和管理層提供了額外的透明度。黑箱式的決策環境會在組織內部引起不必要的壓力。

「家族企業治理機制」的實施方式取決於許多因素，如家族和企業的規模、家族文化傳統等。常見的治理結構包括家族大會、家族委員會、家族顧問委員會。這些機構各自具有特定的職能和目的，並根據家族和企業的需求進行調整。

家族治理結構需要考慮的事項包括時間和精力的投入、利益相關者的參與、決策權的明確性以及未來一代的需求。建立「家族企業治理機制」過程是一個迭代的過程。

「家族企業治理機制」的實踐中，其中一環是設計一部「家族憲法」。那麼，什麼是「家族憲法」？依照陳新民大法官定義，憲法是「國家根本大法，規範國家政府組織，人民基本權利之保障和國家發展之方向」。[21]以此類比，我們可以將「家族憲法」界定為「企業根本規範，制定企業內部組織，家族成員基本權利之保障和企業發展之方向」。然而相較憲法的剛性規定，家族憲法通常是規劃者（或為創辦人）單方面個人意志的展現，未必能為家族成員的共識。一旦規劃者卸任或是過世後，家族憲法可能就被束之高閣。

在法律層面上，家族憲法與信託契約、贈與契約或家族控股公司的章程相比，並不具備固有的法律約束力。家族憲法的重要性在於其提供的治理指導和價值觀傳承，特別是當涉及綜合性和連續性較強的家族事業傳承。對於僅涉及現金、房產或股票等單一資產的傳承，家族憲法的作用可能不大，因為這些情況多涉及單純的財產分配。然而，當家族事業的傳承涉及共同的業務和利益，或者當家族成員之間的關聯持續存在時，家族憲法就顯得尤為重要，它可以為後代提供經營和治理的指導原則，從而有助於家族企業的長期穩定和發展。

例如全世界歷史最久遠，可追溯至一六六八年的默克集團（Merck）。自一八五〇年起，默克家族制定的家族憲法不僅明確規範了家族成員的界定、權利與義務，以及家族股份的流動規則，還涵蓋了人才培育和作為默克家族成員所需具備的文化精神。這份家族憲法的傳承已超過一百七十年，其影響力體現在創造了一種獨特的文化氛圍，這不僅僅是對家族企業成就的自豪，更重要的是，鼓勵家族成員在各自領域取得成就，並將這些成就帶回默克集團，從而刺激集團的進一步發展。在默克家族，每個成員從小就被教導認識到自己作為集團傳承者的角色，而非僅僅作為所有者，這種教育和文化的深植，是實現家族企業永續經營的關鍵，也是默克集團在一九九五年上市、確立將企業經營交由專業經理人之後的架構理念。

默克家族的營運決策過程展示深厚的家族參與和治理結構。在這個過程中，從一百六十名家族成員中選出十三名家族董事，這些家族董事進一步選出五名合夥人董事，並與四名外部董事一起組成合夥人董事會。這個董事會負責制定默克集團的整體經營戰略，確保企業的方向和決策基於家族的共識。

默克家族對於成員的教育和培養始於年少時期，即使家族成員不在默克集團工作，他們也被訓練去理解財務報表，了解企業所處的產業環境。這種從小培養的家族文化和商業知識，使得家族成員能夠在家族合夥人會議中，對集團的未來方向提出有見地的意見和建議，從而參與公司的長期規劃，同時將日常經營管理工作交給專業的經理人。

這種獨特的治理結構和家族參與模式，源自於默克家族在一八五〇年制定的家族憲法。這份憲法不僅為家族成員界定角色和責任，也強化他們作為默克集團傳承者的自覺，從而確保家族企業能夠達成其永續經營的最終目標。[22]

除了家族憲法，成立家族辦公室（Family Office）也是確保企業永續傳承的重要制度。家族辦公室起源於西方，是為一個或多個超高淨值人士或具規模的家族進行財富管理或是投資、信託等等相關的服務機構。家族辦公室作為一個關鍵平台，可以有效地支持家族企業在永續和傳承方面的需求。包括協助家族企業在永續發展和傳承上的策略規劃、維持家族企業的控制權和財產的保護、進行家族教育、制定和執行接班人培育計畫。此外，家族辦公室還涵蓋了資產投資管理、推動家族慈善事業、支持家族創業活動，甚至在整合家族訊息和處理日常行政事務方面也發揮著關鍵作用。這些功能可以根據家族的個別需求和整體事務的複雜程度來量身定制，從而為家族企業提供全面而專業的支持。

家族辦公室最著名的案例，就是美國的洛克斐勒家族。約翰・戴維森・洛克斐勒（John D. Rockefeller），作為一位願景遠大的創業家，於一八八二年創立了全球首個家族辦公室，位於紐約洛克斐勒廣場三十號（30 Rockefeller Plaza）五十六樓，被稱為「room 5600」。這個辦公室標誌著一個重要的里程碑，專業經理人在此協助管理洛克斐勒家族的各項資產。隨著時間推移，洛克斐勒家族辦公室不僅保持家族財富的穩健增長，還提供了法律、投資、財務和慈善等多方面服務，以支持家族成員各項需要。

洛克斐勒家族辦公室成功之處不僅在於財富和業務的傳承，而且在於其對家族價值的傳達，尤其是在慈善公益方面的貢獻。這些舉措不僅鞏固了家族的財富，也為後代子孫傳授了關於家族傳承的深刻意義。後來，洛克斐勒家族辦公室甚至演變成為一家在美國證券交易委員會註冊的投資顧問公司——洛克斐勒公司（Rockefeller & Co.），進一步擴展其在財富管理和投資顧問領域的影響力。[23]

我們可以發現，無論是默克集團或是洛克斐勒家族，他們能夠傳承久遠，除了良好的制度設計以及家族精神之外，更重要的是家族股權並未因為世代傳承而出現分散的問題，讓家族能夠一脈相承。而「分家」卻是華人家族企業中很重要的觀念，分家會造成股權過度分散的情形，而且分家本身就是個大難題。家族企業的分家問題經常伴隨著複雜的情感和利益衝突。即使分家過程表面上看似公平，但兄弟姊妹間的矛盾和怨恨往往難以避免，有時甚至會導致法律糾紛或更嚴重的衝突。上述永大的案例、創辦人的第二代只剩四·七%的股權，卻想掌握經營權與控制董事會，當股權被創辦人二代悉數賣出後，外資即全面收購，股權被賣出涉及創辦者的二代財務紀律缺失、入不敷出。例如，台灣知名的大直黃氏家族和其旗下的美麗華集團也是一個案例。創辦人黃杏中與其九位兄弟姊妹共同努力經營，發展出多元化的業務，包括百貨、飯店、肉品和乳品等，並在大直、內湖區積累了大量土地。二〇〇〇年，家族決定將業務分為三大部分，以便獨立營運。然而，二〇一五年，美麗華黃家發生了一起嚴重的兄弟爭產糾紛，導致兄弟槍擊事件和多人死傷，這一事件震驚社會，成為一個悲劇性的教訓，而槍擊事件的導火線，也是創辦者的二代財務紀律缺失，繼而爭奪財富所造成的。[24]

另一個例子是長榮集團，總裁張榮發過世後不久，家族中的不同派系開始明顯分化。大房和二房的分家導致家族內部矛盾加劇，甚至影響兄弟間的關係。二房獨子張國煒宣布自己接任長榮集團總裁，但遭到大房兄弟的反對，最終被解職，導致他另立門戶創辦星宇航空，與長榮航空形成競爭。[25]這些分家事件不僅對企業形象造成損害，也凸顯台灣家族企業在接班問題所面臨的挑戰。

綜合來看，合宜的「家族企業治理機制」是協助家族企業達成永續經營的必要條件。其實踐可有效防止、或緩解本書所提到的家族企業容易產生與面臨的主要問題。[26]家族企業的順利傳承關鍵在於，從兒童時期是否貫徹家族企業教育以及有效的企業治理。家族憲法和家族辦公室作為企業治理的重要工具，對於促進家族企業的穩定傳承至關重要。然而，由於文化差異的影響，在台灣的家族企業中，這兩種制度並不常見。企業主應深思家族企業的核心意義，在「家族企業」的定義中，家族利益應優於企業本身，以避免企業傳承對家族發展或存續帶來不良影響。

為防止這種情況發生，台灣家族企業傳承應該借鑑歐美企業的成功傳承經驗，考慮實行經營權與所有權的分離模式。這意味著創辦家族成員與世代參與董事會，把握企業的整體發展方向，同時將日常經營管理交由專業團隊執行。此外，家族傳承的管理應由家族憲法和家族辦公室主導，這包括對年輕家族成員的培養和教育，確保在未來選出有意願和適合的人選，進入企業董事會接班。其他家族成員則可以選擇從事不同的行業，確保家族成員個人興趣與專長得以持續發展。

四、家族企業公司治理偏差的解方：股東行動主義

我們在前三節討論了許多家族企業的經營與傳承問題，以及如何從內部解決問題的模式與制度。事實上，有一個從企業外部矯正或制衡家族企業治理問題的方法：「股東行動主義」（Shareholder Activism）。股東行動主義是指股東使用其股權來影響公司的管理和決策。這種行動通常由持有相當數量股份的投資者（如機構投資者、避險基金或大股東）發起，目的是為

了提高公司價值或推動經營層某些變化。股東行動主義可以透過多種方式進行，包括但不限於提出議案、參與董事會選舉、公開信件或與管理層進行談判。[27]

股東行動主義可以是「防禦性」的，也可以是「進攻性的」。[28]在防禦性股東行動主義中，持有大量公司股份的投資者（如退休基金和共同基金）可能對公司績效或治理實踐感到不滿，認為公司績效不佳將帶來巨大的投資風險。為了應對這種風險，他們會採取行動來促使公司進行相應的變革。這種行動可能是在幕後進行遊說，也可能是公開挑戰管理層。例如，他們可能提議選舉新的董事來代表他們的利益。這種行動被稱為防禦性的，因為其目的是為了保護投資者現有的投資。

防禦性股東行動主義的著名例子之一發生在二十世紀初，由投資者和經濟學者格雷厄姆（Benjamin Graham）發起。格雷厄姆於一九二六年發現，北方管道公司（Northern Pipeline）從其未與股東共享的證券投資中獲得巨額利潤。他因此提出建議：要求北方管道向其股東支付額外的股息。然而，此提議遭到公司管理層拒絕。在格雷厄姆看來，經理人是股東聘請來管理公司的，而不是公司的主人。與此相反，北方管道的管理層認為公司屬於他們，而投資者除了提供資金外，對公司的成功沒有其他貢獻。在這場對抗中，格雷厄姆最終透過增加自己的股份，成功獲得公司五名董事中的兩個席位。他的這一行動導致公司政策的改變，此事件被視為股東在華爾街對管理層的一次空前勝利。[29]

另一方面，進攻性股東行動主義發生在投資者（通常持股較少）積極增加對某公司的股份持有量上，這是基於他們的假設，即透過組織變革克服公司的經營能力不足，進而最大化股東回報。如果公司管理層對這種壓力沒有反應，或者不主動採取行動，這些投資者將會推動變革，以期改善公司的經營狀況和股票表現。

卡爾·伊坎（Carl Icahn）是將進攻性股東行動主義發揮到極致的投資者之一，一九八五年收購環球航空公司的行動為其成名之作。伊坎選擇收購目標時，偏好那些被嚴重低估且在行業內具有歷史地位的企業。他通常關注那些他認為具有發展潛力、但當前營運狀況不佳的公司，透過以較低的價格購買這些公司的股份，推動內部結構的優化調整。

伊坎的策略包括對管理層進行大規模更換，以期使股價迅速上升。他常常透過獲得一些董事會席位來部分控制公司，隨著他推薦的人員進入董事會並參與公司營運，他會逐步退出一線，直到公司營運達到預期，他便可能與公司達成和解。

伊坎這種做法受到了不同的評價。一些人將他視為一位「企業掠奪者」，認為他惡意收購的目的不在於提升公司競爭力，而是為了刺激股價上漲並從中獲利，是一種「破壞性」投資。然而，也有人認為，伊坎這類投資者進入公司後會採取一系列舉措，比如出售非核心資產、更換經理人、回購股票減少流通股數量等，從而實現股東的權益，是股東權益的保護者。

在東亞地區，股東行動主義之所以不常見，主要是因為上市公司所有權普遍集中在少數人手中，如公司創始人、家族成員或是早期的金融家。這種所有權結構大大限制了普通股東對公司管理的影響力。但現在的上市公司股權結構、創始人或因為死亡導致股權繼承分散，或第二代不願經營而賣出股權、或財務紀律不佳而賣出股權填補資金不足，因此很多上市公司股權不再集中，所以助長了股東行動主義者的活動。

事實上，股東行動主義的核心議題依然是本章提到的公司所有權和控制權分離所造成的委託代理問題。隨著愈來愈多的小股東開始採取行動，長期以來保守的公司結構開始面臨挑戰。特別是亞洲的家族企業，近年來愈發常見地受到少數股東影響。在一些傳統較為保守的商業環境中，這些少數股東開始積極行使他們的權力。摩根大通（JPMorgan）的調查顯示，亞洲的股東行動主義活動從二〇一一年的十起，增長到了二〇一七年的一百零六起。在美國以外地區，這些活動占比從一二%上升到三一%。這一趨勢顯示著亞洲各地正在經歷一場顯著的企業文化變革。[30]

根據調查顯示，在台灣一千七百四十家上市和上櫃企業中，有五四%屬於家族企業。[31]這種所有權集中的情況，通常意味著家族成員或創始人對公司的控制和決策有著決定性的影響，使得普通股東較難對公司的營運和政策產生實質性的影響。而自一九九七年亞洲金融風暴以來，台灣股市不時出現公司管理階層不當經營或是以非法手段掏空公司，嚴重損害投資人利益的情形，如孫道存掏空太平洋電線電纜公司[32]、葉素菲掏空博達等案。[33]因此，愈來愈多投資人意識到必須透過適當的管道監督企業，迫使公司管理階層更加重視股東的意見，進而以追求全體股東利益為目標，達成公司治理之目的。

雖然股東行動主義是促進改善公司治理的良方，但是必須注意家族企業的獨特性質，如家族成員控股、代際傳承和特殊的公司治理結構，會對股東行動主義的發生和性質產生特定影響。

1. 控股結構

在家族企業中，家族成員通常持有大量股份，這可能會減少外部股東行動主義者的行動力。由於家族成員往往對公司有長期承諾和情感連結，他們可能會抵制外部股東希望快速提升短期財務表現的嘗試。

2. 代際傳承與文化

家族企業的文化和價值觀通常與家族的歷史和傳統緊密相連。這可能使得這些企業在面對外部壓力時，更加堅持自己的營運方式和戰略決策。

3. 公司治理

家族企業可能具有不同於公開交易公司的治理結構，例如家族成員在董事會中占有重要位置。這可能會降低外部股東影響公司決策的能力，但往往家族企業的公司治理並不合格。

股東行動主義在家族企業中可能有以下幾種形式：

1. 家族內部的行動主義

在一些家族企業中，股東行動主義可能來自於家族內部，特別是在關於企業未來方向或繼承計畫上出現分歧時。

2. 外部股東的影響

即使家族成員持有多數股份，外部股東（如機構投資者）仍可能試圖透過提議、談判或公開批評來影響家族企業的決策。

3. 合作與對抗

在一些情況下，家族成員可能與外部股東合作，以引入新的觀點和策略，從而提升企業價值。然而，當外部股東的目標與家族利益相衝突時，也可能出現對抗情況。

總的來說，股東行動主義在家族企業中的出現和發展受到家族控制、文化和企業治理結構的深刻影響。這種動態可能比在非家族企業中更複雜，因為家族成員的情感和價值觀在決策過程中占有重要地位。

以本書第三章所提到的寶佳「和築投資團隊」對永大機電的投資為例。寶佳作為機構投資人是以建築本業為核心思考，逐步對外拓展其他擁有專業或品牌、或是有潛在投資價值的公司。寶佳希望可以藉由引進專業經理人，逐步進行營運調整及改善公司治理。透過行使股東權利，向公司管理階層做出好的建議，讓公司能夠永續經營，並保障員工與小股東的權益，是一個正向引導的行動者。但是對家族企業而言，股東行動主義會被視為挑戰其經營權，因此大多抱持敵對的態度。究其原因，是因為家族擁有的股權不足，對自身家族有利害衝突，無法落實公司治理及尊重股東權益，一旦出現經營績效不彰的情形，就很容易造成股東不滿，甚至引起家族內部的股東行動主義。

五、改善家族企業內部治理困境的關鍵

研究發現，百年家族企業普遍具有以下四項特質：

持續力（continuity）：為追求夢想所展現的熱情、耐力與持續力；

群聚力（community）：為了實現使命所展現的堅持，進一步感召觸動相同理念的人（事業夥伴、顧客、員工）加入，形成群聚；

連結力（connection）：重視永續價值，建立、維繫且珍視與事業夥伴、顧客、員工、社會大眾長期互惠的永續關係；

執行力（command）：能以快速、原創的方式，自由、機動的行動力回應外部環境，並完成決策。[34]

上述四種「家族引力」，是家族企業的核心競爭力所在，然而其真正價值難以在財務報表中被量化呈現。這些「無價」資產的維護和傳承，有賴所有家族及非家族成員的共同努力。

面對家族企業，外部的專業經理人容易產生對工作獨立程度的不確定感，以及管理決策受家族勢力影響、企業所有權與經營權不分的疑慮。家族企業應該如何妥善管理內部人才，並吸引優秀外部人才願意共同為企業長期發展效力？

為吸引與保留優秀人才，家族企業需建立完善的公司治理與高層接班計畫。成功的家族企業通常具備良好的公司治理結構，並且注重家族與非家族成員的人才培養。確保非家族成員在企業內有公平的發展和升遷機會是關鍵。透過建立清晰的家族與企業界限、設置顧問或專業董事會來監督管理，能有效避免家族勢力過度干擾企業營運。家族治理的多元化對企業組織能力與經營成效有顯著影響。

家族企業的成功與持續性，很大程度上依賴其內部治理結構，以及對傳承計畫的有效管理。

1.家族企業的核心是家族企業治理與家族傳承

家族企業的核心在於：如何平衡家族成員的利益與企業的長期目標。良好的家族企業治理應包括明確的決策流程、透明的溝通機制，以及公平的衝突解決方案。同時，家族傳承計畫對於確保企業的長期穩定和持續發展至關重要，這包括明確的繼承規則和領導人才的培養。

2.家族企業的股權不應過度分散

過度分散的股權可能削弱家族在企業中的影響力，尤其是在決策和戰略方向上。股權集中有助於保持家族對企業的控制力，並確保企業的發展與家族價值和目標一致。然而，這也需要平衡，避免過度集中導致的風險集中和權力濫用。

3.家族企業應將所有權與經營權分離

將所有權與經營權分離，是實現家族企業專業化管理的重要步驟。這能夠確保企業的日常營運由具備相應專業知識和經驗的經理人負責，從而提高決策效率和業務效能。

4. 董事會的角色和專業經理人的作用

家族成員在董事會中，應該集中於制定公司的長期戰略和監督企業營運，而將日常經營交由專業經理人處理。這樣可以確保企業經營的專業性和靈活性，同時，董事會可以有效地監督和制衡專業經理人，防止其過於追求短期利益而忽略長期發展。

綜合來看，家族企業的成功依賴於有效的治理結構、明智的股權安排、專業化的經營管理、以及強有力的董事會監督。期待華人家族企業，尤其是台灣的家族企業，不要再被現在年輕打工族所說的笑話詛咒：「創業家族最怕的是富二代或富三代要去證明自己是什麼。一旦他們有這種想法，往往就是敗家的開始！」

註釋

01｜安永聯合會計師事務所，二〇二二，〈邁向永續經營：家族治理對家族企業傳承之影響〉，https://www.ey.com/zh_tw/family-enterprise/ey-governance-in-family-enterprises-survey-2022，查閱時間：二〇二三年十月十三日。

02｜Davis, J., Hampton, M. M., Lansberg, I., & Kelin, G. 1997. Generation to Generation: Life Cycles of the Family Business ([edition unavailable]). Harvard Business Review Press. Retrieved from https://www.perlego.com/book/837037/generation-to-generation-life-cycles-of-the-family-business-pdf (Original work published 1997).

03｜Business Digest，二〇一九，〈Gucci 創辦人的黑暗家族故事：Paolo Gucci 生平故事〉，七月二十三日，https://businessdigest.io/ 品牌故事 / 生活中的品牌故事 -gucci- 創辦人的黑暗家族史 - 還可以更黑暗嗎，查閱時間二〇二四年二月二十一日。

04｜Business Digest，〈Gucci 創辦人的黑暗家族故事：Paolo Gucci 生平故事〉。

05｜方舟，二〇二一，〈矛盾激化、戰況升級，一圖回顧雙匯「父子內鬥」〉，《第一財經》，八月十八日，https://m.yicai.com/news/101145463.html，查閱時間二〇二四年二月二十一日。

06｜Jong, David de. 2022. “They Are the Heirs of Nazi Fortunes, and They Aren’ t Apologizing”. New York Times (April 19).

07｜界面新聞，二〇二一，〈寶馬背後的匡特家族：百年冒險，低調的天才家族〉，《新浪網》，十月十五日，https://finance.sina.cn/tech/2021-10-15/detail-iktzqtyu1658177.d.html?fromtech=1，查閱日期：二〇二四年三月十七日。

08｜周慧齊，二〇一七，〈低調、隱蔽的匡特家族：財富守護之路〉，《界面新聞》，八月九日，https://www.jiemian.com/article/1535929.html，查閱日期：二〇二四年三月十七日。

09｜天下雜誌，二〇一八，〈中台灣最大企業家族勤美獨創的「馬拉松交叉接班法」成功嗎？〉，https://www.cw.com.tw/article/5090293?template=transformers，查閱時間：二〇二三年十一月二十九日。

10｜藍弋丰，二〇二三，〈東芝確定下市日期！曾為日本經濟之光，為何殞落至此？作假帳、變賣家產、高層出走背後故事〉，《經理人》，十月十三日，https://www.managertoday.com.tw/articles/view/66660?，檢索日期：二〇二三年三月五日。

11｜張忠謀，二〇〇七，〈公司治理九問：張忠謀親筆解開百年企業之謎〉，https://www.businessweekly.com.tw/Archive/Article?StrId=26012&rf=google，查閱時間：二〇二三年十二月十日。

12｜Berle, Adolf Augustus and Gardiner C. Means. 1991. The Modern Corporation and Private Property. London: Routledge.

13｜馬琳，二〇二二，〈馬士基迎來新的董事長，家族第五代繼任的背後〉，《信德海事網》，二月十七日，https://www.xindemarinenews.com/m/view.php?aid=36320，查閱日期：二〇二四年三月二十日。

14｜Dyer, W. Gibb, Jr. and David A. Whetten, 2006, “Family Firms and Social Responsibility: Preliminary Evidence from the S&P 500”. Sage Journal 30(6): 747-754.

15 | 林滄海為著名股市大戶，早期投資高科技產業股票獲利起家，曾經由公開收購而成為兆遠科技董事長。

16 | 林郭文艷為大同林家第二代，董事長林蔚山之妻子，曾任大同公司副總經理、總經理。

17 | 李孟璇、徐珍翔，二〇二二，〈大同爭奪戰配角變關鍵小三，市場派奪權藏隱憂〉，《鏡週刊》，八月十九日，https://www.mirrormedia.mg/story/20200818fin002，檢索日期：二〇二三年三月五日。

18 | 袁唯駿，二〇二三，〈牙材商鼎興向永豐銀詐貸18億，負責人何宗英再判6年10個月〉，《上報》，七月五日，https://www.upmedia.mg/news_info.php?Type=24&SerialNo=176659，檢索日期：二〇二三年三月五日。

19 | 林俊宏、劉志原，二〇一七，〈關鍵電郵露餡，何壽川掏空永豐金遭收押內幕〉，《鏡週刊》，六月二十三日，https://www.mirrormedia.mg/story/20170621inv001，檢索日期：二〇二三年三月五日。

20 | 陳慧菱，二〇一七，〈連環弊案皆是員工爆料，金管會擬建立金融業吹哨人制〉，《yahoo 新聞》，六月十九日，https://tw.news.yahoo.com/ 檢調查永豐金 - 連環弊案皆是員工爆料 - 金管會擬建立金融業吹哨人制 -035024817.html，查閱日期：二〇二四年三月二十日。

21 | 陳新民，二〇〇一，《中華民國憲法釋論》，台北：三民出版社，頁一。

22 | 李建興、羅立群、鄧小燕，二〇二〇，《戰勝黑天鵝：打破富不過三代的魔咒》，台北：新陸書局。

23 | 同註釋22。

24 | 程加敏，二〇一七，〈美福槍擊釀3死，老四行刑式槍決親兄〉，《鏡週刊》，八月二日，https://www.mirrormedia.mg/story/20170731soc001，檢索日期：二〇二三年三月五日。

25 | 李孟璇、林喬慧，二〇二二，〈大哥結盟張國政裂解弟弟派，長榮有望走向分家分治〉，《鏡週刊》，十月五日，https://www.mirrormedia.mg/story/20221004fin001，檢索日期：二〇二三年三月五日。

26 | Villalonga, Belen, Raphael Amit, Maria-Andrea Trujillo, and Alexander Guzman. 2015. Governance of Family Firms. Annual Review of Financial Economics 7. 635-654.

27 | Sjöström Emma. 2008. "Shareholder activism for corporate social responsibility: What do we know?". Sustainable Development 16(3). 141-154.

28 | Amour, John and Brian R. Cheffins. 2012. "The Rise and Fall (?) of Shareholder Activism by Hedge Funds". Journal of Alternative Investments 14(3). 17-27.

29 | Gramm, Jeff. 2016. Dear Chairman: Boardroom Battles and the Rise of Shareholder Activism. New York, NY: Harper Business.

30 | Financial Times. 2018. "Shareholder activism fuels cultural shift across Asia Inc." https://www.ft.com/content/668db980-5f33-11e8-9334-2218e7146b04 (May 29, 2018).

31 | 安永聯合會計師事務所，〈邁向永續經營：家族治理對家族企業傳承之影響〉。

32｜民報，二〇二三，〈「起底」回顧太電案之謎〉，《yahoo 新聞》，十月十日，https://tw.news.yahoo.com/起底-回顧太電案之謎-193415795.html，查閱日期：二〇二四年三月十七日。

33｜周康玉，二〇二一，〈昔日股王博達淪落下市！葉素菲淘空博達63億元　投資人慘遭坑殺〉，《ETtoday 新聞》，一月十日，https://finance.ettoday.net/news/1895374，查閱日期：二〇二四年三月十七日。

34｜Miller, Danny and Isabelle Le Breton-Miller. 2005. Managing for The Long Run: Lessons in Competitive Advantage from Great Family Businesses. Boston: Harvard Business School Press.

部曲三

台灣資本的下一步

The Next Step for Taiwanese Capitalism

第五章

企業經營的新挑戰與應對之道

New Challenges and Strategies for Corporate Management

作為本書的結尾，作者對未來，提出台灣企業經營所面臨的新挑戰，如：美中關係惡化、地緣政治風險升高、產業脫鉤、國家介入市場。並提出關於企業應對策略的前瞻性見解。這不僅是對前文的總結，也旨在啟發讀者對企業經營問題進行更深層次的思考。希望透過這些分析和展望，能夠為讀者提供寶貴的參考，並激發更多關於企業經營發展和傳承的討論。

在當今全球化的商業環境中，企業正面臨一系列繁複且彼此緊密相連的挑戰，這對它們的策略制定和營運模式提出了嚴峻的考驗。最顯著的是全球經濟的不穩定性，它涵蓋了從經濟高速成長到減緩、全球貿易制裁緊張局勢的加劇，以及通貨膨脹、通貨緊縮的壓力和金融市場的動盪。這種經濟的不確定性，迫使企業不得不隨時審視和調整它們的財務規劃和市場策略，以便更好地應對這些變化。

同時，地緣政治風險的加劇也給企業帶來巨大挑戰。中美兩個世界強大經濟體鬥爭加劇、地區性衝突爆發（俄烏戰爭、以哈戰爭），以及各種國際制裁的實施，都直接影響著企業的國際業務運作和全球供應鏈的穩定，不僅增加跨境經營的複雜性，也對企業的長期戰略規劃和國際市場布局提出新的挑戰。企業必須隨時關注政治和法律環境的變化，並加強對風險的控管，以降低、分散風險。

這種環境要求企業不僅要有強大的適應能力和靈活性，更要有前瞻性的研判與應對策略，以確保能夠持續成長並保持競爭力。其實這對企業主是非常挑戰的。本書在前兩章深入探討台灣資本主義在二戰後的獨特冷戰格局中的興起歷程。這部分詳細回顧了一九四九年蔣介石政權來台、台灣官方與民間如何合作，利用冷戰時期的特殊國際地位和政治經濟結構，迅速發展其資本主義體系。接著，書中進一步分析台灣資本在一九九〇年代投資中國大陸市場的歷程，並重點探討中國大陸加入世界貿易組織（ＷＴＯ）後，台灣企業如何抓住這一歷史機遇，成功擴張成為具有國際競爭力的企業。

第三章和第四章則專注於台灣企業因為上述的歷史機遇，而發展成中大型具有國際格局的企業，所面臨的外部和內部挑戰。這其中特別指出台灣企業普遍存在的家族企業模式，以及這一模式在企業治理和傳承過程中所遇到的獨特問題，也指出家族企業在沒有準備好即踏升國際舞台後，野蠻人（國際大型企業集團）虎視眈眈的情境。書中深入探討在家族企業中，所有權與經營權之間的制度性安排，如何成為其長期存續和成功的關鍵因素，這對於理解家族企業的永續經營和發展具有重要意義。

最後，在本書的結尾部分，筆者者將提出對未來台灣資本所面臨的新挑戰和可能的應對策略的前瞻性見解，尤其是上市的家族企業。這不僅是對前文的總結，也旨在啟發讀者對企業經營問題進行更深層次的思考。希望透過這些分析和展望，能夠為讀者提供寶貴的參考。

一、美中關係惡化，東亞地緣政治風險急遽升高

過去幾十年間，台灣企業之所以能夠取得顯著的成功，很大程度上得益於對國際政治經濟結構轉變的敏銳洞察，以及對相應商機的靈活把握。尤其是在全球化的大浪潮中，台灣企業，特

別是科技產業，成功地採用了一種跨地域的營運模式：在台灣設計和接單，利用中國大陸巨大的市場與規模量優勢進行生產，並將產品銷往歐美等國際市場，從而實現了巨大的獲利。

然而，自二〇一六年以來，隨著美中關係持續惡化和由此引發的一系列地緣政治風險，企業經營模式正面臨前所未有的挑戰。除了廣為人知的「修昔底德陷阱（Thucydides's Trap）」之外，哈佛大學商學院教授任美格（Meg Rithmire）也提出「鄰居與槍」的比喻[1]，生動地描述美中兩國互不信任的安全困境。美中緊張局勢的升級不僅在國際政治舞台上引起波瀾，也深刻影響了全球經濟格局和企業營運環境，企業甚至成為中美對抗格局的工具而深陷其中。作為地緣政治的前線和美中衝突的直接參與者，台灣全民及台灣政府與企業不得不面對這一局勢的重大轉變。

在這種新的國際環境下，台灣企業過去依賴的商業模式——在台灣接單、在中國大陸生產、並向歐美市場以及中國大陸內地銷售——正受到嚴重挑戰，甚至有可能變得不再可行。正如同第二章所述，二〇〇〇年至二〇二〇年中國製造的規模與成本優勢、供應鏈的完整性、完善的電力設施、大量的交通運輸與通訊網絡等基礎建設、靈活的土地政策（Land Policy）、由低到高端多樣性的製造技術、研發學習能力、物流倉儲的運轉機制，再加上經濟高度發展與人口數量形成的全球第二大內需市場，造就人類歷史上最具有優勢的全球製造基地，但這優勢已經逐步消退或轉移，我們必須認清這事實。

這些影響主要表現在以下幾個方面：

1. 供應鏈中斷和成本增加

地緣政治緊張可能導致供應鏈中斷，特別是對那些依賴於跨國供應鏈的企業。地緣政治的波動可能導致關鍵原材料或關鍵要件的獲取受阻，物流路徑中斷，或是跨國運輸成本上升。這些因素造成原材料和成品的交付延遲，從而不僅影響生產進度，也可能導致整體營運成本提升。這些挑戰直接影響到企業的邊際利潤，迫使企業尋找替代的供應鏈解決方案，或考慮將生產基地遷移至更穩定的地區。

2. 市場不確定性增加

政治緊張可能引起市場波動和消費者需求方信心下降，特別是在全球最大的兩個市場——美國和中國大陸——政治緊張加劇的情況下。這要求企業不僅要持續監測市場趨勢，還需要有能力迅速調整其市場策略和銷售計畫，以應對這些挑戰。這包括尋找新的市場，調整產品結構和服務以適應不同市場的需求。

3. 投資和融資風險

在地緣政治風險日益增加的當下，企業所面臨的投資風險顯著上升，尤其是對那些在東亞地區進行了大量投資的企業而言。緊張的氛圍導致投資環境變得不確定，影響企業在這些區域的業務和再投資計畫。此外，這種不穩定性還可能對金融市場造成影響，導致融資成本上升。例如，著名的投資機構高盛證券已經開發了專門針對海峽兩岸關係的風險指數和晴雨表，這樣的工具可以幫助投資者和金融機構更好地評估和定價相關風險。然而，這也意味著，對於那些業務涉及海峽兩岸的企業而言，其信用評等可能受到影響，進而增加它們的融資成本。[2]

企業在進行投資決策時更加謹慎，並需要更為精確地評估政治風險對其投資回報的可能影響。企業需要重新考慮在其他特定地區的投資策略，尋找風險較低的投資機會，或者加大對風險的管理和對沖策略。

4. 合規和法律風險

在中美關係日益緊張的背景下，企業面臨著愈來愈嚴格的合規和法律要求，尤其是在出口管控和貿易制裁等領域。隨著美國對中國大陸的貿易制裁與技術限制日益增加，這種增加的法律負擔不僅提升企業的營運成本，由於需要投入更多資源以確保合規，也可能限制它們在某些市場的商業活動。隨著國際貿易規則的變化和新的商品認證實施，企業必須持續更新其合規程式和策略，以避免潛在的法律問題和罰款。例如台灣商人因非法銷售源自朝鮮的煤炭，而遭到聯合國安全理事會的制裁，包括將其名列制裁名單並凍結其全球資產。這一事件凸顯國際市場的複雜性和不可預測性，提醒了從事國際貿易的台商，在積極拓展全球業務的同時，必須嚴格遵守國際法律和制裁令，以及更多新的認證標準。[3]

5. 戰略重新定位

面對全球政治經濟結構的變化，企業可能需要對其全球戰略進行重新定位，特別是在牽涉美國和中國大陸這兩個主要經濟體的業務布局。這意味著尋找新的中心來分散風險，多元化供應鏈以降低對單一國家或地區的依賴。這種戰略重構不僅是為了應對當前的挑戰，也是為了在不確定的國際政治經濟環境中，保持企業的競爭力和可持續發展性。當然，企業的營運成本可能大幅增加，尤其從大陸的製造中心分散至東南亞或印度、南美等，因為中國大陸經過這三十年來全球製造中心的形成，不管在建設、運輸、還是工人成熟度，管理幹部的專業等都已成熟，移轉製造基地實是極大的難題，也需要時間。

6. 技術和創新挑戰

在美中技術競爭日益激烈的背景下，企業可能面臨技術轉讓和知識產權方面的挑戰。這種競爭不僅涉及到關鍵技術的管制和領先地位，還關係到企業的創新能力和長期競爭力。由於技術和創新是推動現代企業成長的重要驅動力，這些挑戰可能對企業的研發投入、產品開發和市場策略產生重大轉變。隨著全球技術標準和專利法律的日益複雜化，企業需要更加謹慎地處理技術合作、技術引進和知識產權保護等問題，以確保其創新活動不受不利影響。

7. 員工和營運安全

在某些情況下，地緣政治緊張可能影響企業員工的安全和福祉，特別是對於那些在敏感地區營運的企業。企業不僅要應對可能的物理安全威脅，還需要考慮到員工的心理健康。對於跨國企業來說，保障在不同國家和地區員工的安全變得尤為重要。這要求企業不僅要有有效的風險評估和應急計畫，還需要有強大的危機管理能力，甚至招人計畫都變得難度增加。

二、疫情加速西方各國與中國大陸產業脫鉤，台商必須準備「第二套劇本」

全球疫情的廣泛蔓延，無疑加速了許多國家重新思考與中國大陸產業連接的程度，這對於許多深度依賴中國大陸作為供應鏈核心的台灣企業而言，既是一個挑戰，也是一個機遇。面對這種局勢，台灣企業必須靈活應對，制定和準備一套替代策略或「第二套劇本」。

這套「第二套劇本」應包括對現有業務模式的全面審視，特別是對於那些過度依賴單一市場或供應鏈來源的企業。台灣企業需要考慮如何多元化其供應鏈，減少對特定地區的依賴，當然這需要時間。此外，台商還需要考慮如何利用數位化轉型來增強其業務的適應性，包括開發新的在線銷售管道和數位服務。

1. 供應鏈的多元化

為了降低對中國大陸市場的依賴程度，台灣企業應該積極尋求供應鏈的多元化。這意味著考慮將一部分供應鏈轉移到其他國家，如東南亞或印度、中南美地區。這樣的轉移不僅有助於降低由於地緣政治緊張而帶來的風險，且能顧及生產成本的考量。

2. 加強在台灣的生產基地

加強在台灣本土的生產基地也極為關鍵。透過提升自動化和智慧製造的水準，企業可以減少對外部供應鏈的依賴，並提高台灣本地的生產效率和靈活性。這不僅有助於快速應對市場變化和客戶需求，還能提高整體營運的效率和生產力，當然台灣的生產基地只能是生產量的一部分，不能是全部，因為地緣政治緊張的因素是必須考慮的。

3. 尋找新的市場

台灣企業應積極探索和進入新的國際市場，以分散其對特定市場的依賴。這可能包括加強在美國、歐洲、東南亞等地的市場滲透，或是進軍其他新興經濟體，市場多元化策略有助於減輕依賴單一市場的風險。

4. 增強產品和服務的多樣性

此外，例如：學習中國大陸生產多樣化、大規模接單、大規模生產以適應全球市場的多元需求，透過開發適合不同市場和消費者群體的產品線，企業可以降低對單一產品或服務的依賴，從而減少市場波動對業務的影響，例如：希音（SHEIN）、拼多多（Temu）。

5. 強化數位化轉型

加強數位轉型是當前企業發展的一個關鍵策略。台灣企業應該積極運用數位技術與ＡＩ來優化業務流程，提升整體營運效率。這包括但不限於整合先進的資訊技術到日常營運中，從而提高決策的速度和準確性。此外，開拓線上銷售平台，對於降低對傳統銷售方法的依賴至關重要，尤其中國大陸很多的線上銷售模式：如前述希音、拼多多等，都是可以學習的營運模式。

6. 風險管理和應急準備

同時，建立健全的風險管理和應急準備體系，對於應對地緣政治的不確定性至關重要。台灣企業需要評估各種潛在的地緣政治風險，尤其台海戰爭的風險，來規劃相應的應對策略。這是一個新課題，台商七十年來從沒有考慮這種風險，但現在有必要考慮這種風險，雖然這風險不高，但是必須列入。

7. 加強對全球政治和經濟趨勢的監測

台灣企業必須加大對全球經濟和政治動態的關注和分析力度，以提高對市場趨勢變化的預測能力和應對效率。這包括密切追蹤國際經濟指標、政治決策以及地緣政治事件，並根據這些資訊對市場策略進行及時調整。很多台商大企業也開始與全球人型智庫合作，甚至有自己的智庫研究所，以因應地緣政治風險。

三、市場新玩家：國家介入成為常態

當今全球市場的一個明顯特點是國家角色日益重要，國家介入在商業活動中變得愈來愈普遍，成為一種新常態。這種現象主要表現在幾個方面：

1. 政策制定和市場調節

政府在市場經濟中扮演的關鍵調節角色愈來愈吃重，透過制定各項政策和法規、產品行業規範來對市場進行干預。這些政策可能覆蓋了包括貿易、稅務、勞動標準和環境保護在內的廣泛領域。這樣的政策調整直接牽動著企業的經營方式和戰略規劃，迫使企業須隨時調整其商業模式以適應這些變化。

2. 貿易保護主義的興起

近年來，貿易保護主義的回潮對全球貿易體系帶來了顯著影響。許多國家為了保護本土產業，採取各種保護措施與制裁措施，如徵收關稅、設置進口配額或其他形式的貿易障礙。這種轉向對全球貿易的格局造成了深刻的影響，同時也迫使跨國企業重新思考他們的全球營運策略。

3. 國家主導的戰略投資

在當前的全球經濟環境中，國家層面的戰略性投資，正在成為推動關鍵行業發展的重要手段。許多國家透過政府資助的計畫或專門基金，如在高科技、新能源及基礎設施等領域進行大資本重點投資。這種由政府主導的資本注入，不僅促進台灣行業的快速發展，有時甚至會根本性地改變行業內的競爭環境和市場格局，且政府必須與他國政府協助與合作，以取得有利的企業發展地位。

4. 對外國投資的審查

隨著國家安全和經濟利益的考量日益增加，對外國投資的審查也變得更加嚴格。許多國家加強了對外國直接投資的監管，特別是在對其國家安全或關鍵技能可能構成威脅的情況下。這包括對跨國合併、收購和其他形式投資進行細緻的審核，以確保這些活動不會對國家利益造成威脅。這些措施使得國際投資和商業擴張的過程變得非常緩慢又複雜，這要求台灣企業在進行跨國業務時必須更加謹慎。

5. 國家資本主義的興起

國家資本主義的興起已成為當代經濟格局中的一個顯著特徵。在這種模式下，政府對企業擁有直接的控制權或能施加顯著影響，尤其是在那些被視為國家戰略重要性的行業、訊息資料安全的存儲與發送行業，以及礦產資源豐富的地區等。這種政府對企業的直接干預或控制，對市場競爭機制構成了挑戰，有時甚至會在特定的市場或行業中產生不公平的競爭環境。這影響了市場的自由競爭原則，甚至一體式全球化己式微，兩個板塊的全球化正逐步形成：一個是以美國、加拿大、歐盟、澳洲、日本、韓國等等西方與東亞發達國家為主的全球化，一個是以中國、俄羅斯、伊朗、中亞各國、朝鮮（北韓）、非洲等等發展中國家為主，且是人口數比前者更多的全球化，當然印度、中東沙烏地等阿拉伯國家、東南亞諸國等等屬於在二個板塊中交流發展，台灣事實上也是在這兩個板塊中，就看如何智慧地持續發展於兩個板塊的全球化。

現今的發展與自二十世紀九〇年代以來推動全球化的新自由主義經濟學的原則，形成鮮明對比。新自由主義強調最小化政府干預，主張政府應扮演「守夜人」的角色，僅提供市場運作所需的基本制度框架，而不直接介入市場活動。按照這一理論，市場的自由競爭將自然保障經濟的協調與穩定增長。[4]

因此，在新自由主義觀點下，政府主導的國有企業受到批評，被認為效率低下、缺乏透明度，且容易受到政治干預，從而扭曲市場競爭。同樣，新自由主義對東亞國家常見的產業政策也抱持批評態度，認為這些政策破壞了市場機制，導致資源浪費。此外，這一理論指出，政府在制定產業政策時容易犯錯，不僅可能帶來糟糕的經濟後果，還可能讓政府基於政治因素「挑選贏家」，這抑制了私營部門的創新和創業精神，還可能成為政治腐敗的溫床。

儘管存在對政府主導產業政策的批評，但在實踐中，這樣的政策有時也能取得顯著成效。例如：台積電（TSMC）的成功故事就是一個典型例子，它的發展受益於台灣政府的積極推動和投資。[5]

在二十世紀七〇年代，由於一九六九年的石油危機而使台灣的外匯出現枯竭，經濟發展遇到困難，因此台灣的經濟官僚，以蔣經國、李國鼎和孫運璿為代表，決定將迅速發展的電子資訊產業視為台灣經濟的新引擎。一九七三年，政府出資成立財團法人工業技術研究院（工研院），開啟了第一期ＲＣＡ半導體技術轉移計畫。工研院採用了一種新的政策運作模式，承擔電子產業發展的階段性計畫，並將其實驗工廠轉型為獨立的衍生公司。這一模式在一九八〇年促成了聯華電子的成立，隨後又在一九八七年催生了台積電的設立。

台積電的籌建和發展與李國鼎的推動密不可分，即使是台積電的董事長張忠謀也是由李國鼎請出工研院董事長徐賢修前去遊說而延攬回台。為避免完全屬於國有企業，政府故意將自己的投資比例定為四八・三％，並邀請了外資如飛利浦參與，占二七・五％的股份。雖然知名企業家如王永慶、何永等人都被政府要求投資台積電，但是初期對民間企業的籌資並不順利，透過李國鼎等人的多次努力遊說企業界人士，最終成功募集民間企業投資二四・二％的股份。此外，李國鼎與飛利浦董事長的良好關係也在台積電發展過程中發揮了關鍵作用。

這一案例表明，政府在產業發展中的主導作用，有時可以創造出極為成功的結果，尤其是在高科技等關鍵領域，這可能也是未來全球政府主導大型高新科技公司、資本與技術密集初創企業的「新常態」，台積電後來繼續發展，就以專業經理人——董事長張忠謀為主，他主張獨立董事多於一般董事，且必須有極為高度的專業素養，而政府的角色則逐步淡出，也就是政府不再主導與干涉，政府從一九八七年成立由政府投資四八．三%股權，逐步淡出至二〇二一年只剩六．三八%。台積電的成立，初始於政府的催生與主導，然後由非常專業的職業經理人營運並且與國際大集團公司合作，然後政府角色淡化與退出，實為出色的經典案例。相較韓國三星集團由李氏家族營運，醜聞與官司不斷，半導體經營成績相較台積電還有段距離；中國大陸的中芯半導體，雖然由公營主導，營運與技術至今還差台積電很大的距離。因此台積電從初創到成熟穩健發展的過程，實在是值得國家資本主義借鏡。

四、結語：台灣資本的過去與未來

（一）台灣經濟為何能夠持續成長，而拉丁美洲國家不行？

在第一章，我們提到一九四九年蔣介石政府來台時，經濟一片凋敝，但是政府做了許多正確的經濟改革方案，以致經濟起飛至今。台灣能夠達成持續性的經濟成長，主要得益於其穩定且逐步進行的政治改革。這一點與一九七〇年代的一些拉丁美洲國家形成鮮明對比。例如，阿根廷和巴西在那個時期，雖然經歷迅速的經濟成長，但由於缺乏穩定的政治結構和持續的政治改革，他們最終未能維持經濟的成長趨勢，甚至在某些情況下引發深刻的危機。阿根廷就經歷多次的國家破產，且自十九世紀以來，阿根廷曾是最有錢的國家之一，當時的人均國內生產總值甚至超過美國。然而，在大部分的二十世紀裡，阿根廷的經濟表現卻是一個持續的下滑過程，時而緩慢，時而迅速，但趨勢卻始終向下。直至今日，儘管阿根廷的人均所得達到七千七百美元，大約是巴西的兩倍，國家仍舊不斷面臨經濟危機，經濟狀況依舊未見好轉。這一經濟衰退的背後有諸多原因，但政治領導層的角色被視為是主要的影響因素之一。

美國知名的中國與亞洲政經研究學者任美格（Meg Rithmire）教授提出了一個問題：為什

麼台灣經濟在起飛階段能夠避免國家發展中常見的因官僚腐敗而導致衰退的常態？對此，筆者提出見解，認為雖然許多亞洲國家的經濟發展受到政治腐敗的侵蝕，許多經濟決策者總是選擇不恰當的「利己」政策而為之，但台灣看來比較少，或說有，但是不嚴重，因為這在很大程度上得益於政治上的改革措施。台灣經濟的快速發展和民主化進程，主要始於蔣經國在任時的後期政策。蔣經國實施一系列影響深遠的政治改革，這些改革包括取消長期實行的報禁和黨禁，這一措施顯著提升言論自由和政治多元性。此外，他還結束動員戡亂時期實施的一些特別法令，這不僅是台灣從威權制向民主制轉型的關鍵一步，也為人民提供更多監督政府的機會，從而為經濟的持續發展奠定堅實的政治基礎。

蔣經國的這些改革為其後歷屆（不論國民黨或民進黨）繼任者的民主化改革鋪平道路。後來的繼任者進一步推動這一進程，致力於建立一個更開放和民主的政治環境，使台灣實現政黨輪替和自由選舉，這些都是現代民主體系的關鍵要素。

特別值得一提的是，開放報禁的政策不僅提高媒體的自由度，也為公眾提供更多管道來監督和批評政府，這對於建立一個透明和負責任的政府至關重要。這些改革使台灣逐步擺脫威權主義的束縛，向一個成熟的民主國家邁進，也為台灣後續的經濟發展奠定堅實基礎。

台灣特有的「亂中有序」發展模式，即在動態的政治改革過程中同時促進經濟發展，成為其成功避免拉丁美洲某些國家所遭遇的政治動盪及其對經濟的負面影響。這一模式涵蓋了謹慎而有策略的政策實施，保證政治變革與經濟穩定之間的協調、發展，即便走起來不是一路平順，但是也在一步一步跌倒又爬起來的進程中不斷前行。

在這一過程中，國際力量，特別是美國的支持也發揮關鍵作用。美國不僅在經濟上給予台灣援助，還在往後一九七〇年代政治上給予當時「黨外人士」提供影響力，這對台灣進行民主化改革至關重要。這種國際合作與支持，加上內部的積極改革與人民教育水準的提高，共同促成台灣獨特的發展道路。

（二）台灣未來的發展無法自外於中國大陸

台灣的發展始終與中國大陸緊密相連，這一現象主要受地理因素的影響。台灣位於中國大陸近海，這個特殊的地理位置，在很大程度上決定兩岸關係的密切性。無論台灣民眾對大陸持何種觀點，從有歷史記載以來，台灣很難脫離中國大陸，哪怕十六世紀先後有葡萄牙、西班牙、荷蘭曾殖民過台灣，但最後都退出，直至一八九五年至一九四五年日本治理台灣五十年，最後也退出歸還給中國政府。長久以來，台灣與中國大陸的民族、文化、政治淵源一直沒有斷過，完全忽略或切斷與大陸的所有聯繫與關係，在當前的國際政治和經濟環境中不現實、也沒有智慧。至少從宗族（patriarchal clan）、文化與經濟考量而言。

從經濟角度來看，台灣與大陸之間經濟互依、有著深厚的貿易聯繫。這種經濟聯繫不僅涵蓋貿易，還包括投資、技術交流等多方面。兩岸經濟的這種交織狀態，使得任何嘗試將兩者完全隔離的政策，都可能對台灣的經濟穩定和成長帶來風險。尤其在貿易領域表現得更為明顯。自二〇〇二年起，中國大陸迅速成為台灣最重要的出口市場之一。到二〇二一年，台灣對大陸的出口總值達到驚人的一八八八·七億美元，這一數字占台灣整體出口的四二·三％，這一比例在台灣出口經濟中占有重要地位。[6]

這種經濟上的高度依賴，不僅反映在貿易數字上，也深刻影響著台灣的產業結構和經濟策略。許多台灣產業，如電子、機械製造和紡織業，都與大陸市場緊密相連。此外，這種經濟互賴也延伸到投資和技術合作等領域，台灣許多企業在大陸投資建廠，並與當地企業建立緊密的合作關係。

然而，這種高度依賴也帶來風險。任何兩岸關係的波動都可能對台灣經濟產生重大影響，偏偏當前兩岸關係比過去更加複雜、不可預測。比喻來說，中國大陸與台灣的關係可以比擬為一座大樓與其旁邊的雜貨店。雜貨店的生意在很大程度上依賴於大樓居民，這象徵著台灣經濟對大陸市場的依賴。然而，如果雜貨店的主人卻天天詛咒大樓倒塌，甚至拿著鏟子去挖大樓牆角，無異於等著大樓倒塌為小店帶來滅頂之災。

台灣在當前中美衝突的全球背景下，因其地緣政治位置而擁有顯著的戰略價值。這一地位不僅是一個挑戰，也提供了獨特的機遇。作為位於兩個世界大國之間的重要島嶼，台灣不可能無視兩個大國之中的一個。除非有位台灣領導人能完全切斷與大陸的任何關係，且不能有任何經濟往來，而此位台灣領導人因堅持這種主張又能年年選舉上位、而且保證中國大陸絕不會採取任何行動，這有可能嗎？這實為天方夜譚。

為了適應這種複雜的國際關係所帶來的「去風險」政策，台灣的企業界需要考慮發展出雙重供應鏈策略，也就是「中國＋1」。這意味著建立兩套不同的生產和物流系統，一套符合以中國為主的全球化，另一套則適應西方市場（美國為主的全球化）的規範。這需要大量資源投入（成本），也需要時間、技術規範、供應鏈、物流系統甚至涉及技術培養、技能訓練、政府支援。在過去二十年間，中國大陸建立的高效、低成本全球供應鏈，已成為全球化進程的一個奇蹟。然而，隨著世界經濟格局變化和市場日益分裂，這一模式正面臨重大的挑戰。全球市場的這種分裂極可能導致生產和物流成本增加、效率降低。這對全球企業，包括台灣企業來說，都是一個需要應對的新現實，所以未來商品成本可能提高，是不能迴避的困擾。

因此，台灣企業在這個多變的國際環境中，需要發展出更加多元化和靈活的經營策略。這包括尋求新的夥伴、多元化市場和投資管道，以及適應不同國家和地區的商品規範和標準。如此，台灣企業不僅能夠在中美衝突中，保持其經營的穩定性，還能在全球經濟的未來變局中，扮演更加積極和重要的角色，而政府的角色則更為關鍵。

註釋

01｜鄰居與槍的比喻指的是國際關係理論中的安全困境（security dilemma）。Herz, John H. 1950. "Idealist Internationalism and the Security Dilemma", World Politics. 2 (2) : 171–201.

02｜黃齊元，二〇二三，〈高盛為台海關係編撰新指標：10年來，市場首度對兩岸風險「定價」〉，《商業週刊》，八月二十三日，https://www.businessweekly.com.tw/business/blog/3010486，查閱時間：二〇二三年十二月二十五日。

03｜陳亦偉，二〇一八，〈聯合國制裁北韓黑名單 台商張永源入列〉，《中央社》，三月三十一日，https://www.cna.com.tw/news/firstnews/201803310013.aspx，查閱時間：二〇二三年十二月二十六日。

04｜Alfredo, Saad-Filho and Deborah Johnston, eds. 2005. Neoliberalism: A Critical Reader. London: Pluto Press.

05｜瞿宛文，二〇二三，〈護國神山的由來：當年的台積電，是如何在一片質疑中被催生出來?〉，《獨立評論》，三月十五日，https://opinion.cw.com.tw/blog/profile/390/article/13390，查閱時間：二〇二四年一月五日。

06｜呂嘉鴻，二〇二一，〈台灣出口中國占比攀升，引爆經濟彼此依賴或「脫鉤」辯論〉，《BBC 中文網》，一月十一日，https://www.bbc.com/zhongwen/trad/chinese-news-55587490，查閱時間：二〇二四年一月二十三日。

後記

從一九五〇年至一九九九年，台灣經歷一系列重要的轉變和發展，這些成就是台灣人民、企業家和政府共同努力的結果。在這期間，台灣面對各種挑戰和機遇，透過持續的勤奮工作和運用智慧，歷任政府能夠採取適當的策略，做出明智的決策，對經濟發展投入大量的心血，促成台灣在經濟上的顯著進步，達到眾所周知的成就。隨著經濟的穩步成長，接著開始著手於政治改革，逐步推動民主化進程。這些改革在很大程度上避免許多發展中國家常見的腐敗問題和資本主義中的權貴問題，為台灣的政治和經濟發展維持一個健康穩定的環境。

當然，台灣有其關鍵的歷史機遇。一九四九年，隨著國民政府遷移到台灣，不僅引入重要的資本，也開啟美國對台灣的援助以及美國市場的對台開放。進入一九八九年後，隨著中國大陸的改革開放政策，台灣資本開始流向大陸，融入全球經濟發展的大浪潮之中。從一九九二年台灣對大陸的投資額只有二・四七億美元，成長至二〇一〇年的高峰一四六・一七億美元，即便是新冠疫情期間的二〇二一年，也有五八・六億美元，這一投資趨勢反映台灣企業與大陸經濟之間日益緊密的連結。同時，台灣對大陸（含香港）的出口從一九九二年的一二四億美元（占總出口比例一五・三％）激增至二〇二一年的一八八八億美元（占比四二・三％）。這一成長不僅顯示台灣經濟對大陸市場的依賴程度，也反映兩岸經貿關係的深化程度（見左頁圖）。

台商對大陸投資概況（1992～2023）

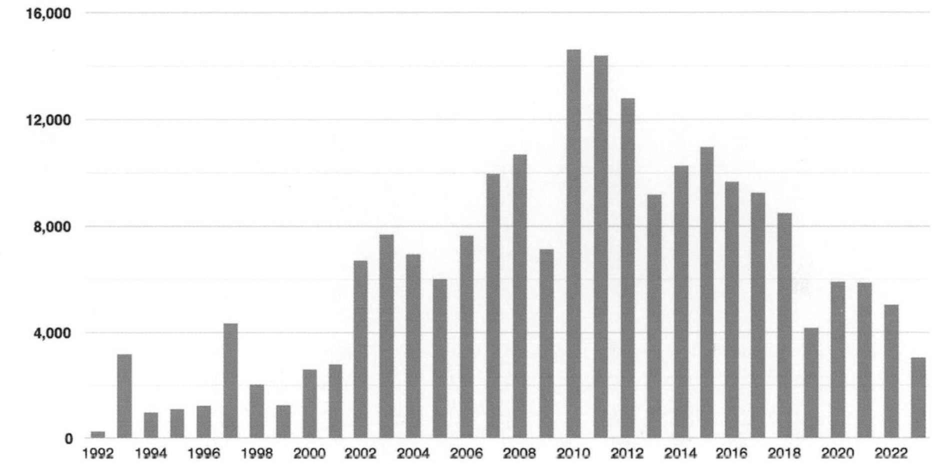

資料來源：大陸台商經貿網，https://www.chinabiz.org.tw/Investchart/Investchart_province。

台灣對大陸出口概況（1992～2023）

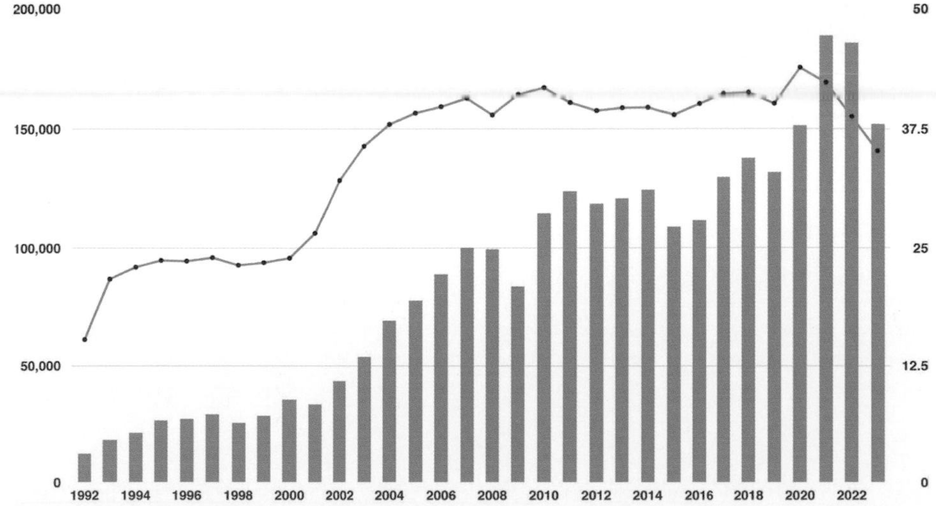

資料來源：經濟部國際貿易署，https://cuswebo.trade.gov.tw/FSC3000C?table=FSC3030F。

相比於韓國犧牲許多改革者生命的慘烈政治改革，台灣的政治發展幸運許多。但在一九七〇年代到一九八〇年代，台灣的選舉文化和政治氛圍仍充滿了動盪和不確定性。當時，地方選舉常伴隨著諸多不公正行為，如停電、票票交換、票價操縱、威脅恐嚇和暴動事件。筆者記得小時候父親常去看地方選舉開票，母親就覺得開票很危險，要我快去找父親回家。因為開票時，常會突然停電，經過一陣騷動之後才復電，緊接著宣布計票結果，某位候選人高票領先，隨後便是抗議聲四起、耳語開始相傳有人舞弊作票，這樣就可能發生暴動。除此之外，筆者還記得當時賄選盛行，父親會覺得收錢是一回事，投給誰又是另一回事。椿腳為了防範這種情形，就請出媽祖坐鎮，因此母親覺得，媽祖有見證，我們收了錢不能亂投別人。[1]這段歷史不僅凸顯了台灣民主制度發展的曲折過程，也見證了台灣社會如何逐步克服這些磕磕絆絆的過程與挑戰。

一路走來，面對美國和中國大陸這兩個大國的競爭壓力，台灣的發展處境是在狹縫中艱難前進，很不容易。中美之間的三份聯合公報，包括著名的《八一七公報》，都確立「一個中國原則」（One China Policy）。全球的政治人物經常根據不同的時機和自身或國家的利益，對這一原則進行不同的解釋和操弄。然而，不論這些原則如何被解讀或操弄，對台灣人民而言，有一個不變的現實需要面對：從地理上講，台灣與中國大陸只隔了一個海峽，而從法律文本上看，中美三份聯合公報明文記載「一個中國原則」。除非發生極端情況，如美國不復存在、或改變立場，這一原則可能會被重新考量，但在當前的國際框架下，這一原則仍然是重要國際政治現實。

資本主義（capitalism）本質上追求利益最大化，其特性是資本隨著利潤機會在全球流動。然而，資本的流動不僅僅是基於理性的計算，有時也會受到情感、文化和宗族（patriarchal clan）因素的影響。正如我們在第一章中討論的那樣，一九四九年國民政府遷台帶來了資本，到了一九九〇年代，台灣的資本開始向中國大陸發展，而在二〇一九年之後，由於中美緊張關係和地緣政治的影響，資本再次流動以尋求風險分散。

回歸理性務實才是正途。如果當權者變相操弄「一個中國原則」等議題，使情勢推向台灣獨立，便極可能導致資本流失，也許以後台灣就找不到台灣資本，不只找不到，是沒有資本。希望本書能對政界、商界、和廣大讀者朋友有所啓發，並提醒台灣人民珍惜，自第二次世界大戰後，在各種艱難條件下取得的輝煌成就。

註釋

01 媽祖俗名林默娘，為北宋時期福建湄州人，是當地著名的釋道兼修仙姑，過世後多有顯靈事蹟，逐漸在沿海地區形成信仰，被官方封為「天妃」、「天后」。媽祖作為漁民的守護神，媽祖信仰在大陸東南沿海及台灣相當普及。

國家圖書館出版品預行編目 (CIP) 資料

台灣資本 1949～ 台商學 : 跨時代的台商學 ,1949 年以來台灣資本與家族企業傳承的那些故事 / 許作名口述撰著 . -- 初版 . -- 臺北市 : 天立股份有限公司 , 2024.03
面； 公分
ISBN 978-986-87937-8-1(平裝)

1.CST: 工商企業 2.CST: 國外投資 3.CST: 家族企業 4.CST: 企業經營 5.CST: 中國

552.2 113002911

台灣資本 1949 ～ 台商學
跨時代的台商學，1949 年以來台灣資本與家族企業傳承的那些故事

口述撰著｜許作名
研究與文字整理｜劉明浩
主　　編｜文仲瑄
執　　編｜李嫈婷
封面設計｜周昀叡
內頁設計排版｜草間白鳥
圖片提供｜許瑞承、黃智德、蔡志誠、謝文土、Shutterstock

出版單位｜天立股份有限公司
執行單位｜天下雜誌整合傳播部、天下實驗室
地　　址｜台北市中山區南京東路二段 139 號 11 樓
總 經 銷｜大和書報圖書股份有限公司
電　　話｜ 02-8990-2588

出版日期｜ 2024 年 3 月
定　　價｜ 420 元
I S B N ｜ 978-986-87937-8-1